LA LUNA

CARLOS G. TUTOR

nuestra eterna vecina misteriosa

USHUAIA

A ella, a la Luna.

Índice

Introducción

Cuenta una antigua leyenda tehuelche que Kóoch, el ser supremo, creó el Sol para iluminar el día. Durante su paso diario por la Tierra, alumbraba y daba calor, pero con la llegada de la noche aparecía Tons, la oscuridad, y con ella el pánico se adueñaba del planeta. Los malos espíritus merodeaban por los campos y los bosques, y también quedaban en libertad los gigantes Hol-Gok, que salían de las profundidades de las cavernas y de los huecos de las rocas y aterrorizaban a los indios propagando todo tipo de males, enfermedades y desgracias.

Fue entonces cuando Kóoch creó a Keenyenkon, la Luna, para que iluminara la Tierra cuando llegaban las tinieblas y alejara con su clara luz a todos los malos espíritus. Las nubes, que avanzaban incansables por el cielo, pronto se dieron cuenta de su bella presencia, y le contaron al Sol los encantos de esa nueva compañera de viajes que había aparecido, radiante, en mitad del cielo nocturno. El Sol, intrigado, decidió conocerla, y una mañana apareció mucho más pronto de lo habitual en el horizonte. Nada más verla, se quedó prendado de su belleza. La Luna, por su parte, también quedó sorprendida por la presencia de ese rubio Sol que acababa de quebrar la oscuridad, y decidió acompañarle en su viaje diurno hasta que desapareció, al anochecer, tras los Andes.

Desde que el hombre alzó por primera vez la vista al cielo y vio la Luna, quedó sin duda cautivado por un extraño poder que de ella emanaba y que hoy sigue siendo tan cautivador como desconocido. Fueron muchos los pueblos que la adoraron como a un dios y a su alrededor se forjaron centenares de historias, mitos y leyendas como la que acabamos de ver. Los druidas por ejemplo, rendían culto a la Luna y la veneraban como patrona de la prosperidad, símbolo de buena suerte. Los antiguos egipcios pensaban que la Luna menguante era lo poco que los hombres podían ver del dios Osiris después de que sus enemigos le destruyeran. Para los wongibones de Nueva Gales del Sur, esa pequeña porción de Luna era la espalda encorvada de un anciano que, al caer de una roca, se lesionó. Los antiguos semitas pensaban que, ciclo tras ciclo, siete malvados demonios atacaban a nuestro satélite hasta destruirlo. Los indios klamath, de Oregón, cuentan una leyenda que dice que la Luna mengua al romperse en pedazos, y para los dakotas, esto ocurre porque cuando está llena muchos ratones pequeños empiezan a mordisquearla hasta comérsela por entero. Cuando terminan, crece una nueva Luna, condenada a seguir los pasos de su predecesora.

Uno de los aspectos que más intrigó al hombre desde un principio fueron las manchas oscuras que salpican la superficie de nuestro satélite. Para los hotentotes, el culpable de que aparecieran fue un conejo. Cierto día, la Luna le pidió que fuera a la Tierra para decir a las personas que, del mismo modo en que ella lo hacía, ellas también renacerían después de morir, pero el conejo se equivocó y les explicó todo lo contrario: que solo darían «una vuelta en la vida». La Luna, al ser conocedora de lo que había dicho, se enfadó tanto que le arrojó un palo que le partió el labio (por eso este animal tiene el labio superior escindido) y el conejo, enojado por la reacción que había tenido la Luna, le

La Luna ha sido muy importante en todas
las culturas antiguas, como por ejemplo en la egipcia.

arañó la cara y le dejó todas esas marcas que hoy siguen siendo visibles.

Para los khasias del Himalaya, las eternas manchas son fruto de un castigo. La Luna sería un hombre que se enamora una vez cada mes de su suegra, y su mujer, enfadada, le hecha cada vez que esto ocurre cenizas en la cara en señal de desaprobación. La mitología malaya, en cambio, explica que las manchas son un jorobado que está sentado bajo una higuera.

Como vemos, son muchos los mitos y leyendas que se han tejido en torno la Luna y con ellos se mezclan también las supersticiones. Las mujeres de algunas zonas rurales de Nueva Guinea llevaban a cabo un curioso rito para garantizar la seguridad de sus hombres durante los largos viajes que emprendían. Pocos días antes de que hubiera Luna nueva, le cantaban a esta sus tradicionales melodías, ya que creían que eso ayudaba a devolverle la vida que poco a poco se le iba. Si no lo hacían, la Luna desaparecería, y con ella sus hombres; sin la protección de una Luna que resurgía, ellos también desaparecerían y jamás regresarían de sus viajes.

Hasta bien entrado el siglo XX, algunos armenios temían el poderoso poder de la Luna y realizaban ceremonias al aire libre para impedir que influyera en sus hijos. Los judíos alemanes, por su parte, también creían en su enorme influencia, y solo se casaban durante el plenilunio.

Poco a poco, estas leyendas y viejas creencias van quedando en el olvido, pero ¿qué sabemos de la Luna? Nos separan apenas 384.000 kilómetros de nuestro satélite, una cifra astronómicamente muy pequeña, y sin embargo estamos a años luz de destapar los secretos que encierra.

¿Nos afecta nuestro satélite sin que lo sepamos? ¿Llegó el hombre a la Luna antes de lo que nos han dicho? ¿No ha vuelto a ir desde el último viaje oficial? ¿Había huellas de otras visitas anteriores? ¿Había ya «alguien» allí? ¿Y si nunca fuimos? ¿Nos han dicho toda la verdad sobre nuestro satélite? ¿Es realmente un satélite?

Capítulo 1
El influjo de Selene

En la década de los años 20 del siglo pasado, el economista estadounidense Burton Pugh realizó un estudio que le mostró que durante los plenilunios el dinero se nos va mucho más rápidamente de las manos. Es un dato simpático (o antipático, según se mire), pero refleja que numerosas investigaciones que tienen como objeto de estudio al ser humano conceden a la Luna un papel importante y le prestan mucha atención.

Hace algunos años nos planteábamos si la Luna —esa esfera brillante que siempre estaba ahí, cambiando constantemente su apariencia, naciendo, creciendo, muriendo y renaciendo de nuevo en el cielo, acompañándonos— nos podía llegar a influir de alguna manera. Hoy, nadie duda que la respuesta es afirmativa, y en lugar de plantearnos todavía si hay una correlación entre las fases de la Luna y el comportamiento humano, nos preguntamos por qué existe esa correlación, qué es lo que la causa. O sea, lo que la Luna parece que hace, ¿cómo lo hace?

La Luna y su rostro femenino

Está comprobado que muchas actividades regulares de algunos animales y plantas están regidas de acuerdo al ciclo lunar. Este, de aproximadamente 29 días y medio, también rige en los seres humanos, como por ejemplo la menstruación en la mujer. La Luna siempre ha sido relacionada con lo femenino y con la mujer. Ambas se rigen por un mismo ciclo y nuestro satélite ha sido asociado a menudo a la fertilidad humana. Cada mes crece en el cielo al igual que crece la tripa de la mujer embarazada.

Esta correlación puede verse reflejada en las creencias y tradiciones de muchos pueblos. Griegos y romanos, de hecho, llevaban la cuenta de los embarazos contando lunas y ha habido una creencia generalizada en muchas culturas: la Luna sería la responsable de la menstruación y controlaría el flujo de sangre en las mujeres al igual que controla el flujo de agua en el mar.

Algunos pueblos aún han llevado más lejos esta creencia de la influencia de la Luna en la mujer y han considerado nuestro satélite como responsable de los embarazos. En las tradiciones de muchos pueblos primitivos se acepta que la Luna tiene una rela-

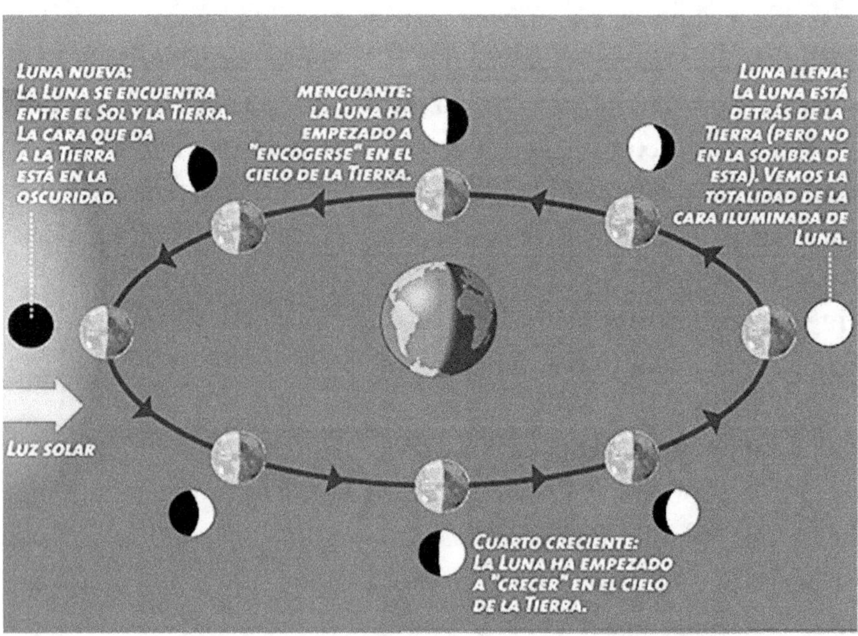

El ciclo lunar influye tanto a nuestro planeta
como a nosotros mismos.

ción carnal con la mujer y la deja encinta. En Groenlandia, por ejemplo, la creencia popular decía que la Luna visitaba regularmente a las mujeres para fecundarlas y se creía también que la joven que mirase fijamente a la Luna quedaría en estado. Entre los campesinos británicos, la tradición decía que las mujeres que expusieran su cuerpo a la luz de la Luna serían embarazadas por esa, y de sus vientres saldrían hijos que serían como monstruos. Algunos pueblos mongoles, entre otros, creen que el hombre y la Luna trabajan juntos para embarazar a la mujer; así, el hombre rompe primero el himen y dilata el conducto vaginal y la Luna fecunda penetrando con su luz.

Todas estas tradiciones veneran a la Luna como una suerte de deidad masculina con poderes fecundadores, pero a la Luna también se le ha rendido culto como deidad femenina. Es la Gran Madre, cuyo poder protector envuelve y protege, encarnada en diosas como Diana o Artemisa. Esta dualidad masculino-femenino no deja de ser una sorprendente paradoja y se ha mantenido en infinidad de pueblos a lo largo de los siglos.

Bajo su rostro femenino, las mujeres le han pedido protección para dar a luz y le han dado apodos como *la humedecedora,* pues se creía que era capaz de lubrificar a la mujer para facilitar el parto. Y también se le ha pedido muchas veces su intercesión para incrementar la fertilidad de las mujeres a fin de que estas puedan tener una numerosa descendencia.

Como vemos, y más allá de las tradiciones, la de la Luna no es una influencia superflua. Por ejemplo, la marea terrestre hace que la distancia entre el Empire State y la torre Eiffel varíe hasta 19 metros dependiendo de la fase lunar en que se mida.

Un ejemplo típico pero que es bien válido para ver la influencia lunar es el de las mareas —«descubiertas» a principios del siglo XVII por Johann Kepler, a quien Galileo trató de

La Luna siempre se ha relacionado con la mujer y en algunas tradiciones se ha considerado responsable de los embarazos. (Foto: ©Carlos Mendoza – Licencia Creative Commons CC-BY-SA-2.0)

chalado, ya que, según él, cualquier teoría que se basara en la influencia de la Luna olía a superstición o a astrología—. Es uno de los casos más claros y que nos permite ver de forma más evidente la existencia y la importancia de este influjo. La Luna hace que suba o baje el nivel del agua de manera que el planeta tiene dos mareas altas y dos mareas bajas cada día.

Este hecho, de sobra conocido por todo el mundo, tiene más trascendencia de la que en un principio pudiera parecer; si nuestro organismo está formado en gran parte por agua, parece evidente la influencia de la Luna sobre este. No en vano, algunos trastornos emocionales son tratados con fármacos que equilibran los niveles de agua en el organismo.

Cómo nos afecta nuestro satélite

Desde tiempos inmemoriales se ha relacionado la Luna con los comportamientos de nuestro organismo, y muy especialmente se ha vinculado la Luna llena con la furia y la locura. De hecho, esta unión es una de las creencias más antiguas y sólidas del ser humano. En la cultura mediterránea se solía culpar de la locura a los dioses y demonios de la Luna que visitaban la mente de la persona que sufría este tipo de problemas. Los egipcios también relacionaban la locura con nuestro satélite, y decían que para curarla había que cocinar albóndigas con carne de una determinada serpiente y comerlas una noche de plenilunio. Los beduinos, por ejemplo, creen que si el hombre mira fijamente la Luna puede volverse loco. En Alemania, algunas amas de casa de las zonas rurales decían que la Luna hacía que las chicas se volvieran descuidadas y se

Uno de los influjos más evidentes de nuestro satélite
es el que ejerce sobre las mareas.

les cayeran los platos, y un dicho islandés asegura que si una mujer encinta se sienta de cara a la Luna, tendrá un hijo loco.

Más allá de las tradiciones populares, numerosas personas reputadas han hablado sobre la locura y su relación con Selene a lo largo de los siglos. El historiador galés Giraldus dijo que los lunáticos son personas cuya locura se observa una vez al mes, coincidiendo con la Luna llena. Parcelaso llegó a afirmar que la atracción de la Luna tenía la culpa de la insania humana, ya que atraía y se quedaba la lucidez de las personas como el polo norte atraía la aguja de una brújula. Sir Matthew Hale, Justicia Mayor de Inglaterra, aseguró que la locura la causaba la Luna, principalmente cuando estaba llena, durante los equinoccios y el solsticio de verano.

Un estudio en Georgia (Estados Unidos) basado en la dieta también dio unos resultados sorprendentes: durante los días de Luna llena, el grupo de personas que se había controlado incrementaba hasta un 8% el consumo de alimentos y la ingesta de alcohol aumentaba hasta un 26% en comparación con lo que ocurría durante la Luna nueva. Quizá este aumento en la ingesta de alcohol durante la Luna llena influya en que sea en esa fase lunar cuando, según diversas estadísticas, aumentan los robos, las peleas, los incendios provocados y, en general, todos los actos violentos y delictivos.

Son muchos los policías que cuentan que en las comisarías saben cuando hay Luna llena porque la noche es más movida que de normal. Transcribamos las palabras del criminalista del Ministerio del Interior Salvador Ortega Mallén: «Aunque no hay una base científica irrefutable para establecer la correspondencia entre la criminalidad, las psicopatías y los ciclos de la Luna, la experiencia nos demuestra que, efectivamente, esa relación existe, incluso durante los cinco días inmediatamente anteriores y posteriores al comienzo del plenilunio. En esas fechas son muy frecuentes las broncas de todo tipo. En más de una ocasión he sido testigo de cómo los agentes policiales han mirado al cielo y, al ver la Luna nueva o llena, han comentado: "Hoy tendremos movida"».

Y lo mismo ocurre las noches de Luna llena en los hospitales.

Pero si queremos datos científicos, tenemos estudios como el del Departamento de Psicología del Edgecliff Collage de Cincinati, en cuyo informe se daba cuenta del aumento de violaciones, robos, y otras conductas delictivas durante la Luna llena.

Posteriormente Claire Smith, psicóloga de la Universidad de Bradford (Estados Unidos), comprobó con una muestra de 1.200 reclusos de la cárcel de Armley durante tres meses que había un incremento de incidentes con violencia en los días previos y posteriores a la Luna llena. Y lo más significativo es que los mismos reclusos atribuyeron sus comportamientos violentos a cambios en su estado de ánimo que no podían ser explicados por rivalidades con otros presos ni por ningún hecho en particular.

La revista *British Medical Journal* publicó otro estudio, realizado en esta ocasión en comandancias de policía de distintas ciudades de Inglaterra durante tres años. El resultado fue el mismo: un aumento de asaltos, peleas e incluso asesinatos durante el periodo de Luna llena. En este sentido, son significativas las declaraciones de un conductor de ambulancias de Boston que cuando había plenilunio se preparaba para llevar a «las víctimas traumatizadas física y emocionalmente en incidentes que acaban a tiros y cuchilladas, en lugar de los habituales cortes y magulladuras».

Otro estudio, en esta ocasión checoslovaco, comprobó que el número de accidentes de tráfico aumentaba al doble dependiendo de las fases lunares: el primer incremento se verificó en el segundo y tercer día después de la Luna nueva; el segundo aumento, más prolongado y marcado, se produjo desde el día antes de la Luna llena hasta el segundo día después. El estudio abarcó un total de 60.142 accidentes, y otros países han corroborado resultados similares.

Víctimas del plenilunio

A modo de ejemplo, citamos aquí una recopilación hecha por la periodista Collie Small de crímenes famosos cometidos bajo la Luna llena:

«Jesús fue crucificado bajo la Luna llena. Julio César fue muerto a puñaladas en la misma fase de la Luna. El presidente Abraham Lincoln murió asesinado tres días antes de que la Luna llena alcanzara su apogeo.

»Alejandro II de Rusia fue asesinado mientras había Luna llena, al igual que el ministro de la guerra rusa Leon Trotski, el mediador de la ONU en Palestina conde Folke Bernadotte, el rey Abdul ibn Hussein de Jordania, el presidente mexicano Francisco Madero, el canciller austriaco Engelbert Dollfus y el dictador dominicano Rafael Trujillo Molina...».

Aunque los estudios realizados entre las fases lunares y el comportamiento humano son solo estadísticos, la teoría más aceptada es la de la influencia gravitacional: así como la Luna afecta a las mareas, algo debe de afectar al organismo, pues como se ha dicho está compuesto en gran parte por agua. Esta influencia podría repercutir también en los fluidos del hipotálamo, la parte del cerebro que regula los ciclos del sueño, la temperatura corporal y las hormonas. El doctor y científico norteamericano Arnold Lieber señaló que el exceso de líquido en el cuerpo (¿subida de la marea en el organismo?) causa tensión en los tejidos, hinchazón e irritabilidad nerviosa.

Por ello, en algunas partes de Escandinavia los cirujanos rehúsan efectuar operaciones durante los periodos de Luna llena. Aseguran que la presión sanguínea aumenta y el balance hormonal cambia, lo que hace las intervenciones quirúrgicas más difíciles. El psiquiatra López Ibor dice: «La historia de la medicina está llena de ejemplos que apuntan a la relación entre los ciclos lunares y el comportamiento».

También en Luna llena es mayor el número de suicidios y de intentos de suicidio. Pero si hablamos de conductas totalmente diferentes, como el apetito sexual, este aumenta también durante el plenilunio.

Numerosas investigaciones, estudiando los partos espontáneos y de término varios ciclos lunares, han notado que las mujeres (y sobre todo las que ya habían sido madres anteriormente) tienden a dar a luz con mayor frecuencia durante los días de Luna llena.

Pero para ser honestos, tenemos que decir que otros estudios han concluido que la Luna no interfiere para nada en estas cuestiones. Uno de los últimos estudios relacionados con estos aspectos fue publicado en 2005 en *The American Journal of Obstetrics and Gynecology*, y analizó 564.000 nacimientos en el estado de Carolina del Norte (Estados Unidos) durante 62 ciclos lunares entre 1997 y 2001. La conclusión a la que llegó fue que el ciclo lunar no influyó de ninguna manera en los nacimientos ni en las complicaciones durante el parto.

Otro estudio, publicado en la revista *The New England Journal of Medicine,* analizó nacimientos durante 51 ciclos y llegó a idéntica conclusión. Sin embargo, algunos investigadores hallaron varios factores que sí afectan la carga de trabajo en las maternidades.

La mayoría de los partos se producía en el verano, en septiembre y en octubre, según Kathleen Capitulo, directora del Hospital de Niños y Centro de la Mujer Kravis, de la Clínica Mount Sinai. También ocurría hacia el fin de semana debido a que muchas mujeres prefieren la inducción o el trabajo de parto antes del fin de semana, haya Luna llena o no.

Por su parte, Miguel Horno, jefe del servicio de paritorios del Hospital Materno Infantil, en Zaragoza, declara: «Hemos hecho estudios desde el año 1972, y se ha comprobado que los

Los animales también se ven afectados por la influencia de la Luna.
(Foto: ©*L*U*Z*A* – Licencia Creative Commons CC-BY-SA-2.0)

nacimientos ni se incrementan ni disminuyen cuando hay Luna llena. La media está entre 13 y 14 partos cada día y no suele variar». Y lo mismo concluye un estudio realizado entre la Universidad de Vigo y el Hospital Clínico de Santiago tras analizar 45.000 partos en Galicia.

El psiquiatra Enrique González Duro muestra su opinión escéptica sobre la influencia lunar de la siguiente manera: «Esta creencia data de la época de Paracelso, en el siglo XVI, aunque alcanzó su máximo esplendor en el XIX, cuando surgió el Romanticismo como reacción al excesivo cartesianismo y materialismo anterior. Los escritores y poetas románticos se sentían atraídos por la Luna y la incluyeron en la escenografía de sus obras como un elemento fundamental. Incluso eligieron las noches de Luna llena para suicidarse. Pero, desde entonces, la influencia que puede tener sobre los hombres tiene una explicación más cultural que otra cosa».

Como vemos, ni todos los estudios ni todas las opiniones van en la misma dirección, aunque *si el río suena...*

La influencia de la Luna en la Tierra

Si en lugar de hablar de las personas lo hacemos de la Tierra, está demostrado científicamente que los terremotos son más numerosos en Luna nueva y Luna llena (sobre todo en el perigeo) que en los cuartos creciente y menguante. Algunos estudios estadísticos dan fe de ello, y otorgan la razón a Plinio y a Aristóteles, que aseguraron que los temblores de tierra tenían relación con la Luna. Pero ¿tiene alguna relación con el hecho de que la Tierra y la Luna temblaran a la vez en abril de 1971? Este suceso todavía permanece sin explicación.

Y si en los terremotos vemos esta relación, algunos vulcanólogos han creído encontrarla también con las explosiones volcánicas. En muchas ocasiones, predecir cuándo se va a producir una explosión puede ser de vital importancia para poder actuar con rapidez y salvar centenares de vidas humanas, por ello, los científicos llevan años intentando desarrollar métodos que les permitan conseguir esto con precisión.

En sus recientes investigaciones, los vulcanólogos Steve y Donna O'Meara han intentado estudiar la relación de la Luna con las erupciones volcánicas, algo que, si bien había sido apuntado algunas veces antes por científicos heterodoxos, nunca se había estudiado con seriedad. Su interés por este tema empezó en 1996 y desde entonces han recopilado información de muchas erupciones, tanto modernas como antiguas, y, a pesar del escepticismo de muchos compañeros, la han contrastado con los ciclos lunares.

Algunas flores abren sus estomas durante la Luna llena.
(Foto: ©HaSHe – Licencia Creative Commons CC-BY-SA-2.0)

Las conclusiones han sido sorprendentes: parece ser que esa relación existe. Gran parte de sus investigaciones, subvencionadas por la Nacional Geographic Society, se han llevado a cabo en el volcán Stromboli, uno de los más activos actualmente del planeta; ha estado en erupción de una forma continuada al menos durante los últimos 2.000 años. Tras un programa de observación diario durante las 24 horas del día observaron que era más fácil que se produjeran las mayores explosiones durante el plenilunio en combinación con que la Luna se encontrara en el perigeo (el punto de su órbita más cercano a la Tierra).

La principal novedad que aportan los estudios desarrollados por el matrimonio O'Meara es que su interés no se centra tan solo en estudiar erupciones pasadas, sino en poder predecir de manera satisfactoria las erupciones futuras, algo que casi nadie había intentado antes. A través del ciclo lunar y viendo el pasado de cada volcán que se encuentra en activo, sería posible predecir cuándo harían explosión.

La influencia de la Luna en la agricultura también es un tema de sobra conocido. Ya desde antiguo el hombre le concedió al satélite el poder dar la fertilidad y la prosperidad a las tierras de trabajo. En Roma, por ejemplo, agricultores, cazadores y pescadores rezaban a Diana. James George Fraze escribió: «Diana era patrona de los animales en libertad, señora de los bosques y las colinas, de los claros solitarios en los bosques y de los ríos sonoros. Con-

Diversos estudios efectuados en el volcán Stromboli han demostrado que sus erupciones tienen relación con las fases de la Luna.
(Foto: ©Wolfgang Beyer – Licencia GFDL)

cebida como Luna, y especialmente, al parecer, como la amarilla Luna de la cosecha, colmaba la granja del agricultor de buenos frutos, y oía las plegarias de las mujeres que estaban de parto. En su bosquecillo sagrado de Nemi, como hemos visto, era adorada especialmente como la diosa de los partos, que concedía vástagos a los hombres y a las mujeres. Así, a Diana, al igual que a la Artemisa griega, con la que era identificada constantemente, puede calificársela de diosa de la naturaleza en general y de la fertilidad en particular». Como vemos, aparece una vez más la Luna como responsable de la fertilidad... de la tierra y de las mujeres.

Hoy en día hay extensos manuales dedicados a la influencia de la Luna en la agricultura y existen guías completas para beneficiarse de las ventajas que ofrecen sus ciclos y protegernos también de sus desventajas. Una regla general es que lo que crece sobre la

Desde tiempos remotos el hombre ha dependido
de la Luna para mejorar la fertilidad de la tierra.

tierra debe de sembrarse en Luna creciente y lo que crece por debajo o no crece mucho, en Luna menguante. Asimismo, la madera será más duradera si es cortada en menguante. Lejos de supersticiones, las investigaciones han sido las que han llevado a estas conclusiones. Estas no carecen de lógica, pues algunas flores han demostrado ser sensibles a la luz lunar, abriendo durante la fase llena sus estomas. Y bajo el mar, las algas y el plancton proliferan también durante la fase llena.

Con relación a la meteorología, podríamos decir que puede ser que los plenilunios y los novilunios no sean los causantes de las tempestades, pero sin embargo parece que hay algo en ellos que es lo que hace falta para que empiecen las peores cuando todos los demás factores meteorológicos son propicios.

En definitiva, sobran factores para creer que la influencia de la Luna en todos nosotros es más que evidente. Nos hallamos ante una clara influencia física, sobre nosotros y sobre el planeta, pero también ante otra influencia en ocasiones más sutil pero no menos real, la psicológica. Esta otra forma de influir la podemos ver actualmente; durante la Luna llena aumentan los accidentes, las peleas, etc., pero también en el pasado la Luna ha condicionado poderosamente al hombre. Infinidad de cultos y tradiciones se levantaban a su alrededor. Se confiaba en la Luna para que aumentara la fertilidad de la tierra, la prosperidad, concediera descendencia, pero también se la temía, se la creía culpable de la locura y de otras desgracias y enfermedades.

Gracias al interés que siempre ha despertado la Luna, contamos con muchos estudios que nos han permitido saber más sobre las consecuencias de su presencia. Sin embargo, estamos aún muy lejos de conocer todo el mágico influjo que nuestro satélite ejerce sobre nosotros.

Capítulo 2
Ovnis en la Luna

Los ovnis fueron catalogados como el fenómeno más misterioso y apasionante del siglo XX, y no parece haber indicios de que no lo vaya a ser también del XXI. Durante la segunda mitad del siglo pasado, cuando los ovnis comenzaron a existir como fenómeno, había un debate acerca de su realidad. Hoy este debate se ha dirigido hacia qué pueden ser los ovnis.

Los ufólogos más conservadores tienden a rechazar aquellos aspectos del fenómeno ovni que los más heterodoxos, por su parte, creen que son más apasionantes. Una de las facetas más espectaculares y desconocidas del fenómeno es la de su aparición a los astronautas en sus distintas misiones en el espacio, algo que muchas veces ha ocurrido teniendo como escenario la Luna.

Testigos de alto nivel: los astronautas

Aunque por supuesto nunca se ha reconocido oficialmente, los astronautas han podido ser, en efecto, testimonios de excepción de la presencia de ovnis en la Luna en numerosas ocasiones. En sus viajes a nuestro satélite han sido acompañados por extraños objetos luminosos y los han podido observar también en la misma superficie lunar.

Quizá las misiones en las que más han trascendido los rumores de estos encuentros sean las de la Apolo, y más concretamente, en la Apolo XI. Tras años de duro trabajo, la Apolo XI cumplía uno de los sueños más anhelados del hombre: pisar la

Luna. Millones de personas pudieron seguir en falso directo (la NASA contaba con 120 segundos de ventaja para poder censurar cualquier imprevisto) la retransmisión televisiva de este acontecimiento desde sus casas, pero hubo algunos incidentes relacionados con los no identificados que no salieron a la luz en ese momento.

Parece ser que poco después de abandonar la órbita terrestre, los tripulantes de la nave Apolo XI pudieron observar y fotografiar un objeto de forma cilíndrica (o parecida a «dos anillos conectados» o a «un cilindro hueco», según sus propias descrip-

La tripulación de la Apolo XI. De izquierda a derecha, Neil Armstrong, Michael Collins y Edwin E. Aldrin. (Foto: NASA)

ciones) que los acompañó durante parte del trayecto de ida. Más adelante, y cerca ya de la Luna, se colaron a través de su radio unos misteriosos ruidos que no pudieron identificar, algo que se repetiría en otras misiones espaciales.

La madrugada del 21 de julio de 1969 Neil A. Armstrong y Edwin E. «Buzz» Aldrin se convirtieron finalmente en los dos primeros hombres que pisaron la polvorienta superficie lunar. Su alunizaje fue un hito histórico y desde el mismo momento en el que ocurrió se vio envuelto en numerosos rumores que apuntaban a que algo extraño pudo haber ocurrido a lo largo de esa primera toma de contacto con nuestro satélite natural. Poco a poco, fueron apareciendo supuestas conversaciones entre los astronautas en las que afirmaban cosas tan increíbles como que cuando se encontraban en el Mar de la Tranquilidad estaban viendo varias astronaves alineadas en el lado más alejado del borde del cráter o que había unas misteriosas huellas sobre la superficie de la Luna. La veracidad de estas declaraciones pronto se puso en entredicho (la NASA nunca las ha reconocido), pero a la vista de los acontecimientos, de las conversaciones y de las incongruencias que envolvieron la misión, sí que parece factible que en su paseo lunar tanto Armstrong y Aldrin como Collins —que se quedó a bordo de la nave sin poder pisar la Luna—, pudieran ver algunos objetos no identificados cuyo origen habría quedado sin explicación.

Este es un extracto de la famosa conversación entre Houston y la nave Apolo XI, nunca reconocida por la NASA, obtenida por radioaficionados de varias partes del mundo, especialmente de Australia, que captaron las señales de VHF de diversos repetidores terrestres que hacían de puente entre la Apolo y el centro de control de Houston:

Houston: ¿Qué fue? ¿Qué diablos fue? Esto es lo único que querríamos saber.

Apolo XI: ¡Estos tipos son enormes, señor! ¡Son enormes!

No, no. Es el campo de distorsión. ¡Oh...! Santo cielo, ustedes no lo creerían...

H: ¿Qué les sucede a ustedes? ¿Qué demonios les sucede?

A: Están bajo la superficie...

H: ¿Algo está funcionando mal? Control está llamando... ¡Respondan!

A: Roger... Roger... Estamos aquí bien, pero hemos descubierto algunos visitantes. Sí, han estado aquí cierto tiempo, a juzgar por sus instalaciones...

H: Misión Central habla. Repita el último mensaje.

A: Les estoy diciendo que aquí hay otras naves espaciales. Están unas al lado de otras, en fila, del lado más alejado del borde del cráter.

H: Repita, repita...

A: Examinaremos la órbita... Queremos volver a casa... [El módulo de exploración lunar se dirige hacia la nave Apolo]. En 625 y un quinto. El reloj automático está puesto. Las manos me tiemblan de tal manera que no puedo...

H: ¿Filmar?

A: Demonios, es así. Las condenadas cámaras están funcionando mal acá arriba... Ustedes, muchachos, ¿consiguieron algo? No tenemos más películas ahora. Tenemos tres tomas de los ovnis o lo que fuera; pueden haber velado la película.

H: Misión Control. Es la Misión Control. ¿Están ustedes por partir? Repito, ¿están ustedes por partir? ¿Qué significa el alboroto? ¿Por escenas de ovnis? Explique...

A: ¡Están posados aquí! ¡Están en la Luna, observándonos!

H: Obtengan fotos. Todas las fotos posibles de los ovnis. ¿Están ustedes filmando?

A: Sí. Los espejos están todos en su lugar. Cualquiera que sea su forma eran naves espaciales... No hay dudas.

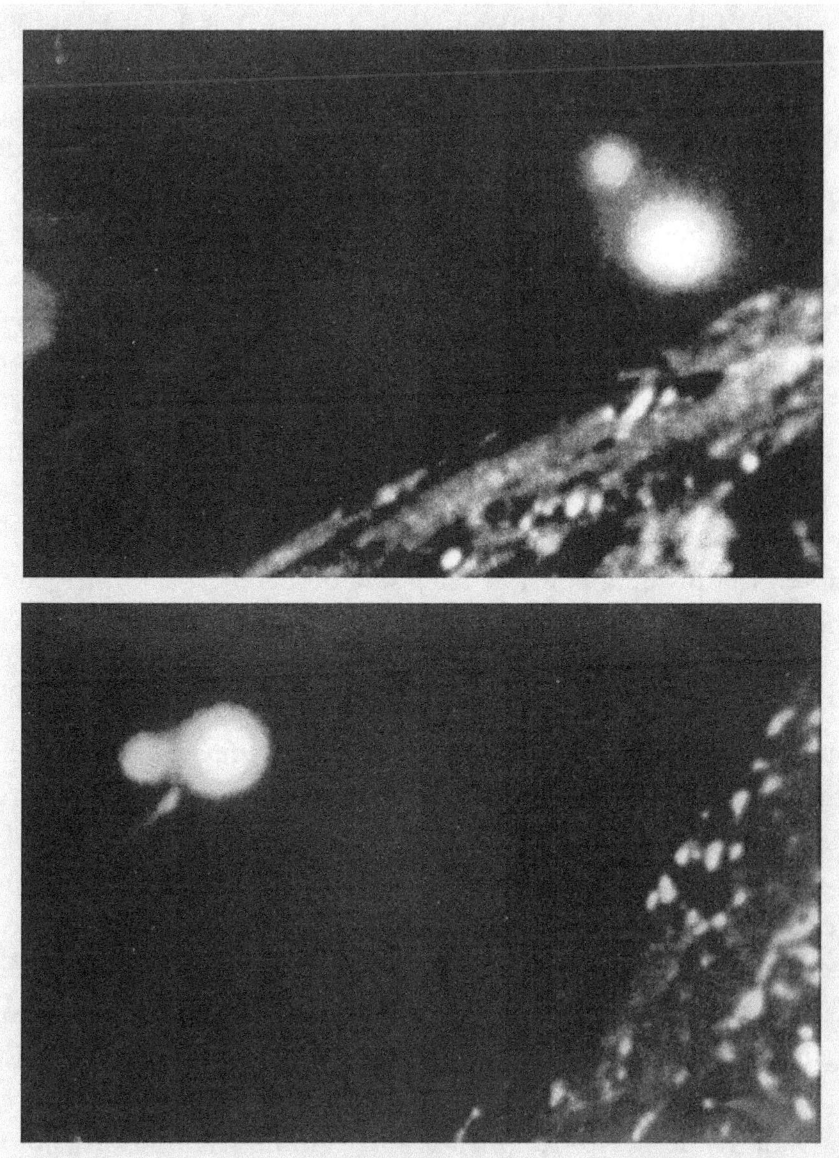

Estas dos fotos, nunca reconocidas por la NASA,
habrían sido tomadas por la tripulación de la Apolo XI.

¿Sorprendente? En realidad se trata de una de las versiones de la trascripción de dicha conversación, aunque todas son muy similares.

Con todo, esta no fue la única Apolo que se encontró de bruces con lo desconocido. El 11 de octubre de 1968, los astronautas Walter Cunningham, Donn F. Eisele y Walter M. Schirra volaban sobre Australia con la Apolo VII y pudieron ver unos extraños cuerpos cerca de su cápsula espacial. Tan solo dos meses después, se produjo con la Apolo VIII el primer lanzamiento de una nave a la Luna. Frank Borman, James A. Lovell y William Anders serían los primeros hombres en entrar en la órbita de nuestro satélite. El viaje de ida se produjo sin inconvenientes, y una vez cerca de la superficie lunar pudieron mostrar al mundo con la primera emisión televisiva desde el espacio imágenes nunca vistas antes. Pero según parece, la tripulación de la Apolo VIII no regresó a la Tierra sin antes encontrarse con algo más desconocido que la Luna misma. Los astronautas pudieron ver un misterioso objeto «con forma de disco» que se les acercó en repetidas ocasiones; además, se detuvieron durante unos instantes los sistemas eléctricos de la nave, hubo cambios bruscos de la temperatura interior y percibieron una molesta luminosidad que les dañaba los ojos. En la radio, escucharon unos sonidos de procedencia desconocida, muy parecidos a los que pudo oír también la tripulación de la Apolo IX, el 3 de marzo de 1969. Los astronautas James A. McDivitt, David R. Scott y Russell R. Schweickart fueron despertados por estos ruidos.

El 18 de mayo del mismo año, Thomas P. Stafford, John W. Young y Eugene A. Cernan, los astronautas de la siguiente nave Apolo, la X, también pudieron ver un ovni en su viaje a la Luna. Ese viaje fue concebido como una especie de ensayo general previo al alunizaje que tendría lugar en julio y registró diver-

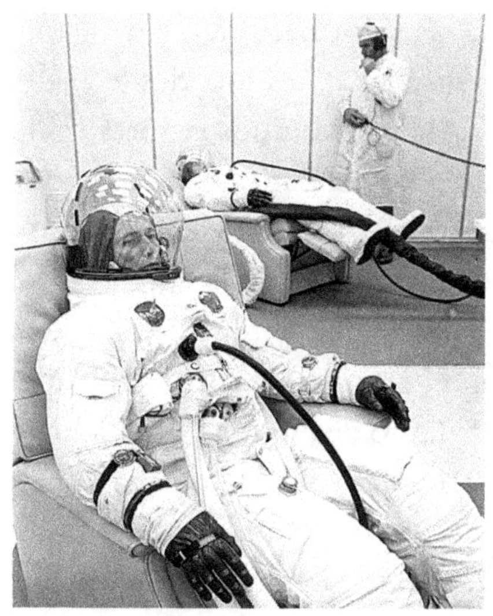

Izquierda, Donn F. Eisele, uno de los astronautas de la Apolo VII que pudo ver extraños objetos voladores cerca de la cápsula espacial. (Foto: NASA)

Derecha, uno de los astronautas de la Apolo X, Thomas P. Stafford. Durante la misión los tres tripulantes registraron varias anomalías. (Foto: NASA)

sas anomalías inesperadas. Una de las que más mantuvo en vilo a la tripulación ocurrió a solo 15.000 metros de la superficie lunar, mientras se inspeccionaba el lugar elegido para que descendiera la Apolo XI, el Mar de la Tranquilidad. En un momento dado, el módulo comenzó a girar bruscamente durante unos segundos sin razón aparente alguna, hasta que se estabilizó y todo volvió a la normalidad.

Como ya iba siendo norma, la Apolo XII tampoco se libró de quedar envuelta en el misterio. El día 15 de noviembre de 1969, los miembros de la tripulación, Charles «Pete» Conrad, Richard F. Gordon y Alan L. Bean, dijeron que habían visto dos ovnis haciendo evoluciones. A la vista de las informaciones, parece que estos objetos los acompañaban en su viaje a la Luna desde el día anterior, pues diversos observatorios de toda Europa reportaron la presencia de dos cuerpos brillantes en las cercanías de la nave que habían sido vistos a través de grandes telescopios. Las descripciones decían que parecía que uno de los objetos siguiera a la nave y que el otro viajara delante de ella. Durante este incidente se recogió una conversación de los astronautas con el centro de control en la que Charles Conrad decía: «... Al girar vi uno de esos paneles abandonando el área a mayor velocidad y me pareció que nos dejaba a buen paso, desde luego a más de medio metro por segundo».

Cuando daban vueltas alrededor de la Luna, pudieron oír una vez más esos extraños ruidos que ya nos empiezan a ser familiares y que describieron como una especie de murmullo o de silbido. A pesar de que desde control también pudieron captarlos, nunca lograron determinar de qué se trataba o, si lo hicieron, las conclusiones jamás trascendieron.

Pero los hechos extraños aún no habían terminado para la Apolo XII. Bean advirtió con asombro unos misteriosos montículos cónicos sobre la superficie lunar, parecidos a volcanes, que debían medir aproximadamente 1,5 metros de alto por 4,5 de ancho y cuyo origen no se logró desentrañar. Ya de vuelta a la Tierra, aún vieron un último objeto no identificado de color rojo que lanzaba destellos.

En la siguiente misión, algunos radioaficionados norteamericanos aseguraron que un cuerpo no identificado había seguido a la Apolo XIII pocos minutos antes de que surgiera la famosa avería y que un objeto oval y de aspecto metálico acompañó a la nave durante parte de su malogrado viaje. Eso ocurría en abril de 1970 y tendrían que pasar más de nueve meses para que la siguiente nave Apolo saliera al espacio...

El final de una época

La Apolo XIV pudo despegar hacia la Luna el 31 de enero de 1971; en su interior iban Alan B. Shepard, Stuart A. Rossa y Edgard D. Mitchell. Cuando aún no se habían alejado mucho de la Tierra, Shepard vio unas luces que parecían perseguir la cápsula y que según todo indica lograron fotografiar.

Como vemos, hasta este momento todas las misiones Apolo se habían encontrado con lo desconocido en sus viajes y cuando despegó la nave Apolo XV nada hacía pensar que eso no volviera a ocurrir... Su despegue se produjo en 26 de julio de 1971 con una tripulación compuesta por David R. Scott, James B. Irwin y Alfred M. Worden. La de la Apolo XV fue una de las misiones que más resultados ofrecieron, en parte gracias al uso, por primera vez, del *Lunar Rover*. Pero si merece salir en esta recopilación es por algo completamente diferente. Un informe de la NASA recoge una conversación en la que uno de los astronautas dice: «... Te contaré algo que vimos alrededor del módulo lunar. Cuando nos dirigíamos hacia él, a unos 9 ó 10 metros, había un montón de objetos, como unas cosas blancas, volando a su alrededor. Parecían ser propulsados o haber sido lanzados, pero no estoy seguro de eso». ¿A qué objetos se podía referir? ¿Podían tener alguna relación con los que observaron John W. Young, Thomas K. Mattingly y Charles M. Duke, los astronautas de la Apolo XVI?

En esa nueva misión que ocurría en julio de 1971 Mattingly pudo observar mientras estaba orbitando alrededor de la Luna en el módulo de mando una luz centelleante y resplandeciente que desapareció tras el horizonte. Aunque se formularon varias hipótesis para explicar lo que había visto —se habló de un meteoro, del efecto de los rayos cósmicos al impactar con el nervio óptico de los astronautas, etc.—, la verdad es que nadie logró dar realmente con una respuesta convincente e incluso se produjeron contradicciones entre los mismos científicos de la NASA.

Después de esta serie de avistamientos de objetos extraños y de hechos inexplicables, la Apolo XVII marcó el final de una época. Su despegue se produjo el 7 de diciembre de 1972 y con él empezaba la última de las míticas misiones que acercaron por primera vez al ser humano a su satélite natural y le mostraron qué había más allá de los confines de su pequeño planeta de una manera nunca antes vista.

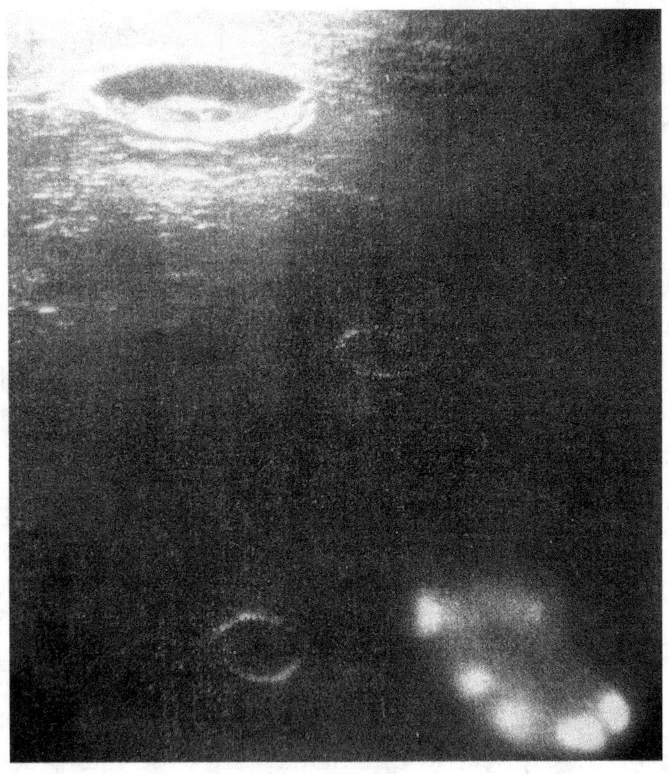

Objeto fotografiado en las proximidades
del cráter Lansberg por la Apolo XIV.

Como venía siendo habitual, los ovnis que se habían observado hasta entonces, fueran lo que fueran, tampoco esta vez faltaron a la cita, y la de la Apolo XVII se convirtió en una de las misiones más ricas en avistamientos. Durante el alunizaje, los astronautas Eugene A. Cernan, Ronald E. Evans y el doctor Harrison H. Schmitt pudieron ver varios ovnis resplandecientes. En una de sus comunicaciones con la Tierra lo describían así: «Puedo ver un punto brillante ahí abajo, en el lugar del alunizaje. [...] Es gris, y ahora se extiende». Más adelante, informaban de un nuevo avistamiento de esa misteriosa luz: «Estoy justo sobre el Cráter Oriental. Acabo de mirar abajo y he visto de nuevo esa luz resplandeciente. [...] Justo al final de la fisura».

Como vemos, la relación de las naves Apolo con los objetos no identificados fue estrecha y prolongada en el tiempo, pero obviamente la NASA no llegó a reconocer que sus astronautas hubieran avistado ovnis en la Luna y en sus inmediaciones. Al contrario, estos avistamientos se intentaron ocultar tras una cortina de silencio o, lo que es aún peor, tras hipótesis inverosímiles que no tenían ninguna posibilidad científica de ser ciertas pero que se daban como buenas para explicar lo que se había observado.

Todos los astronautas han visto ovnis...

A pesar de la oposición de la NASA, parece claro que los astronautas, en sus salidas al espacio con las Apolo, se encontraron en múltiples ocasiones frente a lo desconocido, y lo mismo ha ocurrido con muchas otras misiones espaciales. El investigador Garry Henderson afirmaba: «Todos nuestros astronautas han visto estos objetos [refiriéndose a los ovnis], pero se les ha ordenado no hablar de ello a nadie». Los casos recogidos a continuación son una muestra más de esta otra realidad que se acerca a los as-

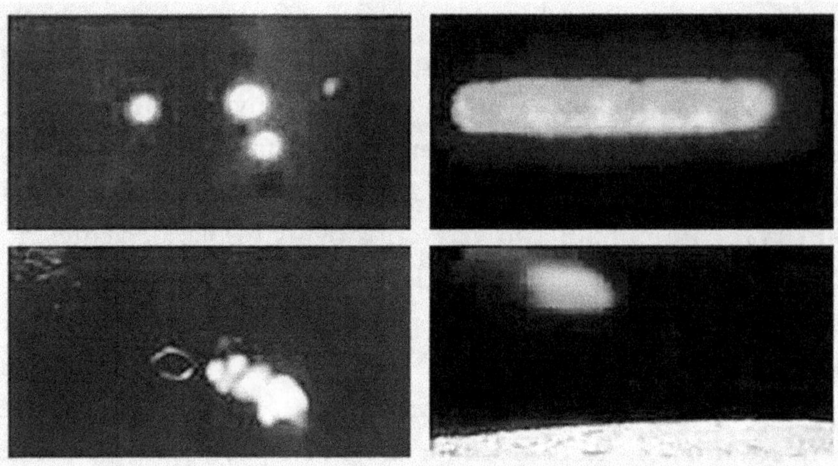

Ovnis fotografiados por astronautas. Arriba: a la izquierda, tres esferas
brillantes obtenidas en una nave Géminis; a la derecha, objeto en
forma de cigarro avistado por la tripulación de la Apolo XIII. Abajo:
a la izquierda, extraño objeto sobre un cráter de la Luna fotografiado
por la Apolo XIV; a la derecha, imagen tomada por la Apolo XII.

tronautas una vez salen de nuestro planeta. Aunque el primero
de ellos no tuvo precisamente como protagonista a un astronauta al uso...

Ocurría en 1957. Por aquel entonces justo estaba empezan-
do la carrera espacial. El día 3 de noviembre se puso en órbita un
satélite soviético, el Sputnik II. En su particular viaje hacia lo desconocido, llevaba en su interior una famosa tripulante que pasaría
a los anales de la historia, la perrita Laika. Durante los primeros
días todo marchaba según lo previsto: la órbita del Sputnik era
controlada por unos 1.800 observadores desde la Tierra y los datos llegaban con precisión, pero al cuarto día de vuelo las cosas
empezaron a cambiar. Sin ninguna explicación lógica, el satélite aumentó en 100 kilómetros su distancia de la Tierra y varió su

órbita, y lo más extraño aún estaba por llegar. Al día siguiente, un objeto volador no identificado se situó cerca del Sputnik y recorrió su misma órbita. Desde la Tierra su presencia se pudo comprobar desde varias estaciones de rastreo y parecía claro que no se trataba de restos del cohete portador ni de basura espacial. En un espacio tan poco contaminado como el de los años 50, ¿qué podía ser ese misterioso objeto que acompañó, impasible, al Sputnik incluso después de que al finalizar el séptimo día de vuelo este concluyera su misión?

Igual como apareció, finalmente el extraño artefacto desapareció, dejando sin desvelar el misterio de su origen y abriendo la puerta de los encuentros con ovnis en el espacio que tanto se han prodigado a lo largo de los años.

Otro Sputnik, el IV, también estuvo tocado por el misterio. Al igual que ocurriera con su predecesor, cambió inexplicablemente su ruta para luego volverse a estabilizar, y a su alrededor pudieron observarse hasta cinco objetos no identificados.

Extraños aparatos y partículas luminosas

Un caso no menos curioso que el de los Sputnik nos llega de la mano de Frank Edwards. El 17 de febrero de 1961 dos cosmonautas —un hombre y una mujer— fueron puestos en órbita desde Baikonour. Durante ese día y los siete siguientes, estaciones de rastreo de Upsala, Bochum y Turín, entre otras, grabaron conversaciones entre los cosmonautas y sus bases. El día 24 la pareja tuvo una visión y la mujer dijo: «¡Lo tomaré con mi mano derecha y lo sujetaré con fuerza! Mira por la mirilla, mira por la mirilla! Lo tengo...». Luego el hombre dijo: «Aquí, aquí hay algo. Hay algo... Si no salimos, el mundo nunca sabrá esto. Es difícil...». No pudieron volver a Tierra y murieron allá arriba.

Ese mismo año, en el mes de agosto, German Titov fue seguido muy de cerca por un objeto de forma cilíndrica mientras estaba en el Vostok II.

Y los casos continuaron sucediéndose a un ritmo cada vez más elevado. El siguiente ocurrió durante el primer vuelo orbital de un astronauta americano (hasta entonces solo habían realizado vuelos suborbitales). El 20 de febrero de 1962, John H. Glenn vio multitud de partículas luminosas alrededor de su cápsula mientras volaba sobre Australia en la Friendship VII. Cuando reingresó en la atmósfera fue seguido por un globo luminoso.

Quizá lo más curioso de este caso sean esas desconocidas partículas luminosas. A lo largo de este camino, nos encontramos con ellas en varias ocasiones, pues son bastantes los astronautas que las han visto, y sus descripciones siempre coinciden. Malcom Scott Carpenter, por ejemplo, pudo observarlas a bordo de la Au-

Izquierda, John H. Glenn es uno de los astronautas que ha podido ver diminutas partículas luminosas alrededor de su cápsula espacial.

Derecha, Carpenter ha podido ver diminutas partículas luminosas alrededor de su cápsula espacial y también varios ovnis. (Foto: NASA)

rora VII a finales de mayo de 1962 e incluso llegó a fotografiarlas. Ese fue un vuelo especialmente fructífero en lo que a cuerpos extraños se refiere, pues Carpenter logró captar también imágenes de un objeto «como un ala delta» y de otro artefacto no menos curioso: primero era un punto luminoso pero posteriormente vio que se trataba de un ovni cilíndrico que podría tener unos 200 metros de largo, del que iban saliendo de su parte media unos pequeños aparatos con forma de disco.

De nuevo en 1962, concretamente el 12 de agosto, el cosmonauta Pavel Popovich, a bordo de la Vostok IV, vio de nuevo las partículas luminosas en sus órbitas alrededor de la Tierra, y algo más de un año después, el 3 de octubre de 1962, le tocó el turno a Walter Chirra, en la Mercury Sigma VII.

Nos situamos ahora en 1963, concretamente el día 15 de mayo. El astronauta Leroy Gordon Cooper fue testigo de excepción de un ovni desde la Faith VII. Se encontraba volando sobre Australia con su cápsula Mercury cuando, durante la cuarta órbita, informó con cierto nerviosismo de algo fuera de lo común que se estaba produciendo. «¡Me está siguiendo un extraño objeto verde que tiene una especie de cola roja, como una estela!», gritó alarmado. Ese aparato de procedencia desconocida se dejó captar por los rádares de la NASA, pero eso no fue todo, pues desde Hawai pudieron escucharse unas voces parecidas a las humanas pero muy metálicas y completamente ininteligibles. Otro misterio más sin resolver que se añadía a una lista que, a pesar de encontrarnos aún a principios de los 60, ya empezaba a ser bastante extensa.

Como vemos, fueran lo que fueran, esos extraños objetos no hacían distinciones y se aparecían tanto a los soviéticos como a los americanos. Ya hemos contado antes algunos casos relacionados con las Vostok en 1961 y 1962 y, como era de esperar, la cosa

Leroy Gordon Cooper fue perseguido por un ovni mientras orbitaba la Tierra desde la Faith VII. (Foto: NASA)

no terminó ahí. Durante la misión de acoplamiento de la Vostok V y la Vostok VI en junio de 1963, Valery F. Byokvsky, desde la primera de las dos, dijo que algo que en principio creyó que era la Vostok VI le acompañaba. Posteriormente Valentina Tereshkova, desde la Vostok VI, confirmaba el mismo avistamiento y aseguraba que se trataba de un objeto de procedencia desconocida. En 1964, la Vostok I y los cosmonautas Feoktistov, Komarov y Yegorov también fueron seguidos por dos ovnis.

Ya en 1965 tuvo lugar un caso que daba otra dimensión al asunto. Un objeto rojo oscuro, descrito como «un satélite muy misterioso y del todo desconocido», se acercó a la Voskhod II, pilotada por Beliagev Alexei Leonov el 18 de marzo. Instantes después su nave se vino abajo y la tripulación tuvo que ser rescatada en la nieve. ¿Tuvo algo que ver ese ovni con el fatídico accidente que ocurrió después?

La odisea de las Géminis

De manera parecida a las misiones Apolo a la Luna, los vuelos de las Géminis también fueron un soporte perfecto para los avistamientos de objetos desconocidos. A bordo de la cápsula Géminis IV, el 4 de julio de 1965, Edward (Ed) White y James McDivitt vivirían una experiencia que no se les iba a olvidar jamás... Cuando volaban sobre el Pacífico, algo enorme que se les acercaba a

Ed White, en la Géminis IV, vio un objeto con una antena y como con un par de brazos que le salían de los costados. © Smithsonian Institution

gran velocidad perturbó su tranquilidad, pero escuchemos cómo lo contaron ellos mismos a la base de Hawai mientras lo estaban viviendo: «¡Acabo de ver algo, Hawai! ¡Todavía está aquí! Era un objeto con una antena... Tenía grandes brazos que salían de sus costados...». Otra de las descripciones reportadas hablaba de un ovni «como una lata de cerveza con unos brazos que sobresalían».

El 24 de agosto de 1965 se captó desde Houston una imagen por radar de un ovni en forma de disco con brillos verdosos que se acercaba a la cápsula Géminis V, con Gordon Cooper y Charles Conrad a bordo, cuando sobrevolaban cabo Kennedy. El mismo objeto volvió a ser detectado cuando estaban en la zona del Himalaya y por tercera vez sobre Estados Unidos, y Cooper y Conrad pudieron llegar a fotografiarlo.

Tal y como avanzaban las cosas, no parecía que los casos fueran a remitir y los siguientes en convertirse en protagonistas de lo extraño fueron los astronautas de la Géminis VII James Lovel y Frank Borman. Ocurrió el 4 de diciembre del 65. Un ovni que parecía dividirse en dos objetos brillantes y discoidales en forma de «champiñón» o de «boya» se acercó a su cápsula, e incluso se dejó filmar. Y después de eso... de nuevo vieron esas extrañas partículas luminosas que ya nos son tan familiares. Pero las experiencias de la Géminis VII no iban a acabar aquí.

El 15 de diciembre del mismo año estaba previsto que la Géminis VI, con Walter Schirra y Tom Stafford a bordo, se reuniera en el espacio con ella. A medida que se acercaron, los dos hombres lograron fotografiar algo sorprendente: dos ovnis luminosos parecían acompañar a la Géminis VII...

Un año después, en junio de 1966, le tocó el turno de entrar en los archivos del misterio a la Géminis X, tripulada por

Michael Collins y John Young. Con cierta preocupación, Young avisó a la base de Houston de que había dos ovnis brillantes de color rojizo junto a la cápsula. Y más espectacular aún fue lo que se encontraron Conrad y Cooper a bordo de la Géminis XI: un objeto en forma de pera y de color anaranjado que giraba sobre sí mismo y que emitía haces de luz.

El 12 de noviembre de 1966 la Géminis XII, la última, también tuvo su particular encuentro. Esta vez los astronautas Aldrin y Novell dijeron haber visto varios objetos no identificados acercándose a la cápsula.

Un compendio de más ovnis

Los 50 y los 60, esos primeros años en los que el hombre salió al espacio, fueron prolíficos en avistamientos de no identificados, pero con la entrada de los 70 el fenómeno no desapareció. Los reportes de los astronautas y los rumores siguieron circulando y así se continuó hilando, poco a poco, un gran catálogo de avistamientos más allá de las fronteras de nuestro planeta. Algunos de los casos que nos legaron esos siguientes años de vuelos al espacio son los que siguen.

En 1979, Victor Afanasyev, durante su misión en la Solyut VI, aseguró que les persiguió durante media órbita un objeto artificial y metálico, de unos 40 metros de longitud. Pudo ser fotografiado cuando estaba a unos 25 metros de ellos.

El cosmonauta Kovalënov, el 5 de mayo de 1981, admitió que vio en la Soyuz VI una especie de cigarro que giraba en torno a su propio eje; luego se produjo una especie de explosión y vio dos esferas extrañas que creyó que se han formado a partir del primer objeto. Todo esto ocurría sobre Sudáfrica.

Y los casos seguían. Durante la misión espacial Shuttle Discovery TST-51, en la fase de acercamiento al satélite Westar, la

Un objeto metálico persiguió
a Victor Afanasyev durante su misión.

cámara recogió cómo una esfera de metal cruzaba de izquierda a derecha el espacio, para luego desaparecer.

En febrero de 1987 la sonda soviética Fobos II perdió el contacto con la Tierra..., según algunos tras enviar varias fotografías de un objeto en forma de cigarro volando alrededor de Marte.

En marzo de 1989, durante la misión Shuttle STS-29, el astronauta John Blaha vio una «nave» y en 1990, el ruso Musa Manarov, durante su segunda misión espacial, vio y filmó un objeto brillante que giraba a poca distancia, durante el acoplamiento de la nave con la plataforma espacial.

Ya en plena década de los 90, un objeto metálico se acercó a la Shuttle Atlantis STS-37 en su misión del 5 al 11 de abril de

1991 y osciló frente a la cámara de filmación. Y es que estos no iban a ser años menos prolíficos...

El 3 de agosto de 1991 un ovni de un metro y medio de ancho persiguió durante unas horas al transbordador Atlantis, en órbita en torno a la Tierra, y además lo rodeó varias veces. Fue visto, fotografiado y filmado por los cinco componentes de la tripulación.

Apenas un mes después, un disco luminoso que describía movimientos inteligentes fue visto por la Shuttle STS-48 (la Shuttle STS-80 también captó varios objetos extraños en diciembre de 1996).

Nos situamos ahora en septiembre de 1992; el día 15 la nave Discovery filmó las evoluciones de varios ovnis. Un año después, durante la misión espacial Columbia TST-58 del 5 al 18 de octubre de 1993, dos esferas luminosas de distinto tamaño aparecieron y se entrecruzaron como si estuvieran jugando. Las pudieron fotografiar y filmar.

Ya en 1995, la misión Shuttle tuvo un encuentro con unos extraños globos blancos zigzagueantes que luego se alejaron vertiginosamente en dirección a la Tierra, y ese mismo año los cosmonautas rusos Leonov y Belyaev, en paseo espacial, vieron un misterioso «satélite» sin identificar...

¿Compañeros de viaje?

Aunque aquí hemos expuesto solo una parte de los más conocidos, los casos de no identificados vistos por astronautas son muchos más y muy variados. Prácticamente cada vez que hemos salido al espacio estos extraños objetos han estado ahí, rodeándonos, persiguiéndonos o, simplemente, acompañándonos. No importa cuál sea el viaje —alrededor de la Tierra, hacia la Luna...—, su presencia es constante. Estos cuerpos acompañan a los astronautas como si fueran una escolta, y los astronautas, cuando salen al espacio, son conscientes de su presencia. Pero ¿qué son realmente?, ¿a qué nos enfrentamos o ante qué nos encontramos? ¿Pueden encontrarse respuestas lógicas a todos estos avistamientos? ¿Nos hallamos simplemente ante chatarra espacial o ahí fuera al algo más que permanece impasible, esperando para acompañarnos y observarnos en nuestra aventura hacia el espacio exterior?

Lo que dicen científicos y ufólogos

«Un astronauta que ve un ovni sabe que debe ser discreto». Esta frase la dijo un alto funcionario de la NASA, aunque en realidad la pudo decir cualquier trabajador de la agencia espacial norteamericana, pues se trata de una «norma de empresa». Por ejemplo, Edgar Mitchell, que habría visto y fotografiado extrañas luces en su viaje e la Luna, dice: «Ni yo ni ningún astronauta en el programa Apolo observó en el espacio ni naves, ni seres extraterrestres. No puedo referirme acerca de lo que vieron o no los astronautas del transbordador [se refiere al transbordador espacial Atlantis], porque no hablé con todos ellos». Pero Mark Lee, astronauta que fue tripulante del transbordador, aclara: «Ninguna misión que haya viajado en el transbordador se encontró con ovnis». Sin embargo, la agencia Ansa transmitió una nota de prensa justo cinco años después de las declaraciones de Lee, el 5 de agosto de 1991, indicando que un ovni fue visto, fotografiado y filmado por los cinco tripulantes de la Atlantis, como antes hemos comentado.

En definitiva, la mayoría de los científicos «correctos» creen que o bien las imágenes de las que hemos hablado están trucadas o bien ofrecen explicaciones racionales, aunque no siempre demasiado plausibles.

Por su parte los ufólogos, y también algunos de los científicos más abiertos de mente para pensar ciertas cosas (y valientes para decirlas públicamente) creen que ovnis de procedencia extraterrestre nos han acompañado con frecuencia en nuestros cortos escarceos espaciales.

Si unos consideran que todos los casos que hemos mostrado en este capítulo tienen una explicación racional o directamente son un fraude, otros creen que todo esto tiene un origen extraterrestre. Lo mismo ocurre con las diversas anomalías que hemos visto y que seguiremos viendo a lo largo del libro. Pocas veces encontramos un término medio. Sin embargo, parecemos hallarlo en algunos astronautas como Edgard Mitchell. Aunque, como acabamos de ver, negó públicamente que los astronautas de las misiones Apolo vieran algo extraño, no por ello niega la realidad del fenómeno ovni e incluso de su probable procedencia extraterrestre. Él vivía de joven en Roswell, Nuevo México, cuando ocurrió allí el famoso caso de posible estrellamiento ovni en 1947. Y sobre la realidad de aquello asegura: «La evidencia me dice que sí, que existió el accidente de un vehículo extraterrestre y que se recuperaron cuerpos».

Apolo XX, ¿misión secreta?

No queremos terminar este capítulo dedicado a los astronautas y los ovnis sin hacer mención a una información que se divulgó principalmente por internet hace apenas unos meses, en abril de 2007. A principios de ese mes aparecieron en la conocida web YouTube unos vídeos referentes a una supuesta misión espacial de la Apolo XX. El nombre del usuario que los colocó era «retiredafb». Oficialmente, la última misión tripulada que llegó a la Luna fue la de la Apolo XVII, en diciembre de 1972, pero estos vídeos parecían contradecir esta versión. En la información que había escrito el usuario en su perfil se podía leer: «Vídeos de la misión Apolo más secreta. La Apolo XX fue a la Luna el 16 de agosto de

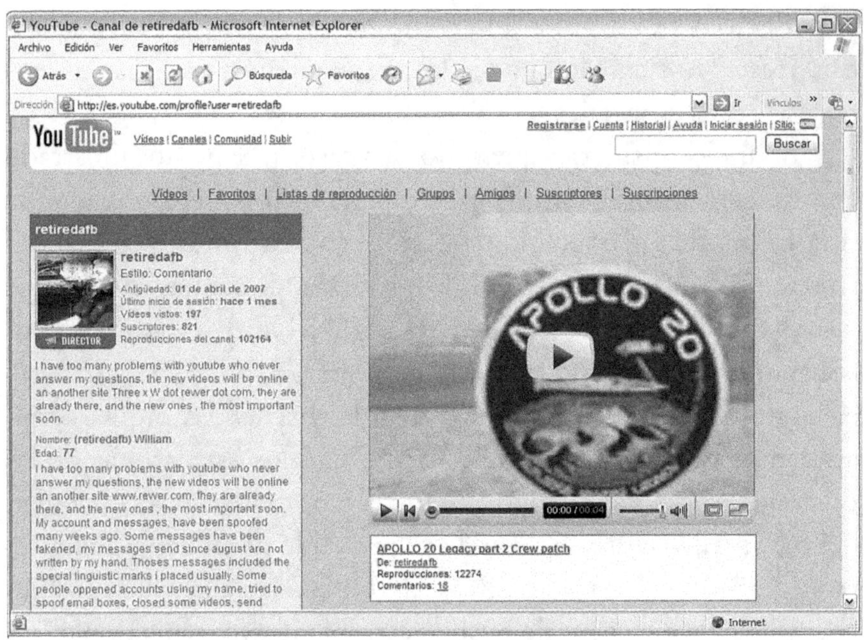

A principios de abril de 2007 aparecieron en la web de YouTube unos vídeos de una supuesta misión secreta de la Apolo XX.

1976. Su destino era Izsak D, en el sudeste del cráter Delport. [...] La misión era soviético-americana. La tripulación estaba formada por William Rutledge, formado en los laboratorios Bell, Leona Snyder, de los laboratorios Bell, y Alexei Leonov, cosmonauta soviético».

Según las informaciones aparecidas, una de las principales misiones de esta Apolo habría sido estudiar una nave extraterrestre accidentada que se encontraría en la cara oculta de la Luna y que ya había sido detectada por los tripulantes de la Apolo XI, y una ciudad alienígena. En los vídeos, que supuestamente subió a la red el mismo William Rutledge, puede verse una especie de nave cilíndrica posada en el suelo lunar, aunque la mayoría de

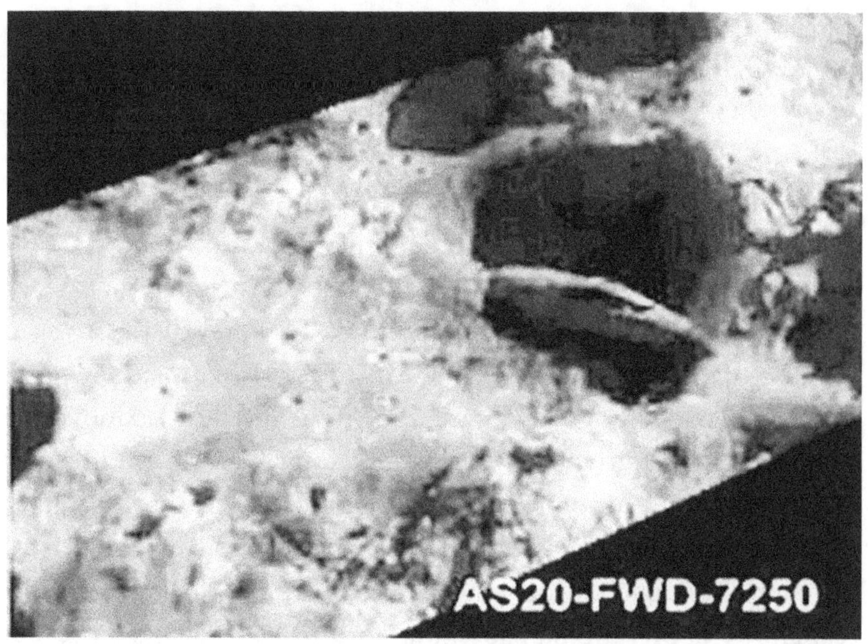

En uno de los vídeos colgados en YouTube se aprecia
la supuesta nave con la que se habría encontrado
la tripulación de la Apolo XX en la superficie lunar.

ellos tienen una ínfima calidad y presentan fotografías y material gráfico muy dudosos. De hecho, y en general, toda la historia en sí, al menos tal cual se ha contado, presenta muy poca credibilidad. Pero veamos qué habría pasado con esta misión, según palabras del propio Rutledge.

En una entrevista que le hizo el periodista italiano Luca Scantamburlo, este le pregunta acerca de la nave alienígena que habrían explorado en su misión, a lo que Rutledge contesta: «Entramos dentro de la nave gigante, y también dentro de una triangular. [...] Era una nave muy antigua que había cruzado el universo por lo menos un billón de años atrás. Había muchas señales biológicas [...] y señales de criaturas extrasolares. Encontramos restos de pequeños cuerpos (10 centímetros) que habían vivido en tubos de cristal en la nave, pero el principal descubrimiento fue el de dos cuerpos, uno estaba intacto. [...] Mona Lisa era el EBE que estaba intacto (no recuerdo quién le puso ese nombre a la chica, Leonov o yo). Humanoide, femenina, 1.65 metros. Con genitales, cabello, seis dedos (suponemos que sus matemáticas se basaban en base 12) Su función: piloto. Tenía un dispositivo de pilotaje fijado a los dedos y ojos. Sin ropas. Tuvimos que cortar dos cables conectados a su nariz. Sin fosas nasales. Leonov desprendió el dispositivo de los ojos de Mona Lisa (lo podréis ver esto en el vídeo). Algo como sangre o biolíquido brotó y se congeló por la boca, nariz, ojos y otras zonas del cuerpo. Algunas partes del cuerpo estaban en sorprendente buen estado de conservación (cabello) y la piel estaba protegida por una delgada capa protectora. Tal y como le dijimos al Control de la Misión, parecía que no estaba ni muerta ni viva. No teníamos conocimientos ni experiencia médica, pero Leonov y yo hicimos una prueba: fijamos nuestro bioequipo en el EBE, y la telemetría recibida por el cirujano (médicos del Control de la Misión) fue positiva. Esa es otra historia. Algunas partes podrían parecer increíbles ahora, así que prefiero contar toda la historia cuando los otros vídeos estén en internet. [...] Encontramos un segundo cuerpo, destruido, por lo que trajimos su cabeza a bordo. El color de la piel era de un azul grisáceo, como de un color azul pastel. La piel tenía algunos detalles extraños encima de los ojos y en la frente, una correa alrededor de la cabeza, y no llevaba ninguna inscripción. La "cabina del piloto" estaba llena de signos caligráficos y formada por largos tubos semihexagonales. Ella está en la Tierra y no está muerta, pero prefiero publicar otros vídeos antes de contar lo que pasó posteriormente». Respecto a una ciudad que también habrían descubierto, explica: «Terminó por ser un auténtico basurero espacial, lleno de escombros, piezas de oro... solamente una construcción estaba intacta (le dimos el nombre de Catedral). Hicimos fotos de las piezas de metal en las que encontramos restos de escritura. La ciudad parecía tan antigua como la nave, pero de menor dimensión».

Según él mismo cuenta, William Rutledge tendría ahora 77 años y viviría en Ruanda. Como vemos, una muy dudosa, intrincada y extraña historia que se construye, otra vez más, alrededor de la misteriosa atracción de nuestro satélite natural.

Capítulo 3

Fenómenos Transitorios Lunares: un misterio sin resolver

El día anterior del espectacular alunizaje de Neil Armstrong y Edwin Aldrin, en julio de 1969, numerosas personas pudieron ver desde Buenos Aires algo tan extraño sobre la Luna que les dejó sin respiración. Por más que lo intentaban, no lograban encontrar ninguna respuesta lógica que explicara lo que estaban viendo. Ese histórico día, varios puntos luminosos no identificados o TLP pasaron por delante de la Luna ante los ojos atónitos de los testigos que los contemplaban desde la Tierra. Su situación era muy cercana al lugar donde, después, alunizarían los astronautas, e incluso se llegaron a fotografiar. Para algunos, estas observaciones se vieron confirmadas desde la misma Luna, ya que Armstrong también pudo ver esos TLP. Pero ¿qué es un TLP?

Los TLP responden a las siglas en inglés de Transient Lunar Phenomena (la traducción castellana sería Fenómenos Transitorios Lunares), por lo que se les conoce de manera popular como *te-ele-pés*. Algunos prefieren invertir el orden y llamarlos LTP, aunque generalmente se utiliza más la primera opción. En la práctica, los TLP son fenómenos extraños que se dan en la superficie lunar o muy cerca de ella: flashes o haces de luz (que suelen ser rojizos, azulados, amarillentos o blancos), coloraciones de algunas zonas, oscurecimientos o ensombrecimientos, puntos negros errantes, puntos de luz, etc. Normalmente, estos fenómenos suelen durar unos pocos segundos, aunque a veces se han logrado ver durante varios minutos. Como el abanico de posibilidades que se incluye dentro de los llamados TLP es amplio, a veces no queda bien clara la línea divisoria entre tales fenómenos y los ovnis en la Luna, de los que antes hemos hablado, y algunos casos, por sus ambiguas características, pueden incluirse tanto dentro de uno como de otro apartado.

Un enigma reconocido científicamente

Pese a su fugacidad, y aunque parezca extraño, estos fenómenos en la Luna se han podido percibir en numerosas ocasiones, sobre todo por astrónomos, tanto aficionados como profesionales. Es bien sabido, porque se han escrito mares —lunares— de tinta sobre ello, que debido a un incremento en las observaciones de TLP, la Real Sociedad Astronómica Británica solicitó en 1879 a sus miembros que le notificaran todas las observaciones anómalas en la superficie del satélite... A pesar de lo insólita que parecía esta petición, su acogida superó con creces cualquier expectativa. Los reportes empezaron a llegar de los más diversos lugares y, al cabo de dos años, la cifra de informes se desbordó tanto que la *Sociedad* tuvo que revocar la petición, canceló su proyecto de análisis y no emitió opinión alguna sobre este controvertido tema. Entre las anomalías registradas se contaban pequeñas luces que recorrían el interior de algunos cráteres, extraños cambios de luz o grandes explosiones volcánicas. Eran tantas las anomalías, que solo el astrónomo inglés Birt ya recogió prácticamente dos mil casos entre objetos desplazándose, señales luminosas y posibles estructuras.

Como vemos, los TLP son algo más común de lo que a primera vista pudiera parecer, y también mucho más antiguo. Charles Fort, incansable recopilador de fenómenos imposibles, nos contaba en su obra *El libro de los condenados* sucesos de este tipo ocurridos ya en el siglo XVIII y que fueron avistados por el famoso astrónomo inglés descubridor del planeta Urano John William Herschel. Pero dejamos que sea el mismo Fort quien nos hable de ello: «Herschel señaló, en *Philosophical Transactions,* varios puntos luminosos localizados sobre o cerca de la Luna, en el curso de un eclipse. Podemos preguntarnos cómo podían ser luminosos, si la propia Luna estaba oscura. [...] La abundancia de estas luces es un factor nuevo, o una nueva complicación en mis exploraciones. Un nuevo aspecto del hábitat o de la ocupación interplanetaria. Mundos de hordas y seres alados. No me sentiré sorprendido si termináramos por descubrir ángeles, o animales-máquinas, galeones de los viajeros celestes. En 1783 y en 1787, Herschel señaló otras luces próximas a la Luna, que supuso eran de origen volcánico».

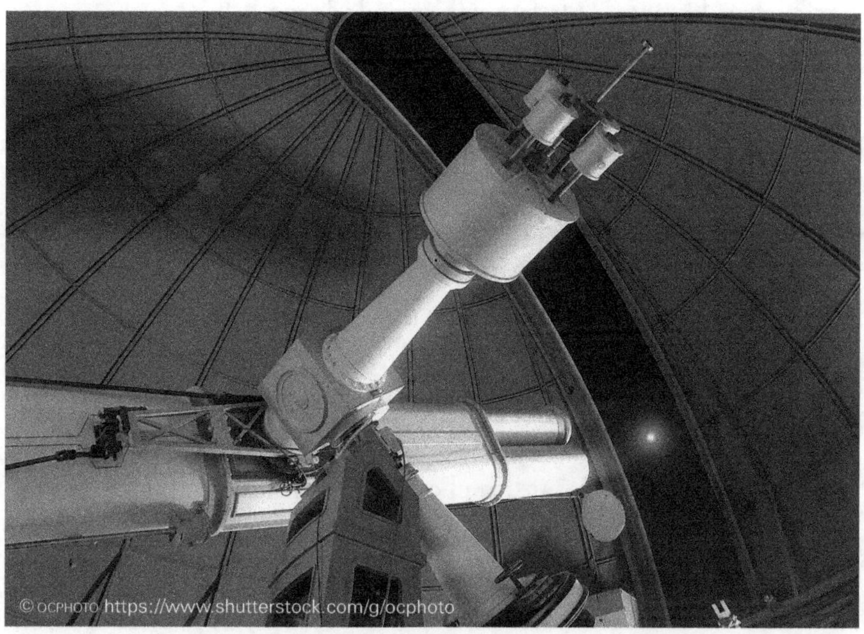

La mayoría de los TLP han sido observados
por astrónomos a través de sus telescopios.

Esas luces a las que se refería Charles Fort en su libro pudieron ser vistas por Herschel el 18 de agosto de 1873 y las describió de la siguiente manera: «Percibo tres volcanes en diversos lugares de la Luna. Dos están ya casi extinguidos o a punto de desaparecer, lo que podrá decirse en la próxima lunación... El tercero muestra una erupción activa de fuego o de materia luminosa...». Para algunos, lo que vio el astrónomo inglés fueron picos elevados cuyas puntas estaban iluminadas por la luz solar; para otros, los supuestos volcanes que vio estaban realmente activos.

Fuera lo fuera, la existencia de ese fenómeno fue corroborada dos años después por el ilustre profesor germano Schroeter. Él dijo haber visto «un brillante estallido de luz que estaba compuesto de muchas chispas pequeñas y separadas que se movían todas juntas en línea recta hacia la parte norte del Mare Imbrium y hacia otros lugares de la superficie de la Luna».

En su compendio inexplicable, Charles Fort no se quedó aquí y relató algunos casos más de esa «nueva complicación» en sus exploraciones que acababa de descubrir: «En noviembre de 1821, se vieron varias manchas cerca de la Luna. Loomis cita cuatro casos. Uno se parecía a una estrella cruzando la Luna, "cosa que supe, inmediatamente, que pertenecía al campo de lo imposible", comenta el observador. "Era una luz fija y persistente situada en el lado oscuro de la Luna". [...] Otra luz, señalada en el *Annual Register,* no tiene relación con las estrellas, puesto que se mueve con la Luna. Fue observada durante tres noches seguidas y observada por el capitán Katar. En el observatorio de Ciudad del Cabo se informó de la presencia de una mancha blanca acompañada de luces más pequeñas en el lado oscuro del borde lunar».

Hemos hablado hasta aquí de varios TLP reportados a partir del siglo XVIII, pero incluso tenemos casos anteriores. Según las crónicas de Gervasio de Canterbury, «alrededor de una hora después del atardecer del 18 de junio, 1178 d.C., una partida de cinco testigos vio cómo el cuerno superior de la brillante Luna nueva repentinamente se partió en dos. Del punto medio de esta división, surgió una llameante antorcha, que expelía fuego, brasas incandescentes y chispas... El cuerpo de la Luna, que era carcomido, palpitaba como una serpiente herida. El fenómeno se repitió docenas de veces o más, informaron los testigos».

Para algunos astrónomos, la visión de estas cinco personas desde la catedral de Canterbury corresponde al impacto que creó el cráter Giordano Bruno, la huella de impacto más reciente en la superficie lunar. Sin embargo, otros aseguran que esto hubiera producido una gran lluvia de meteoritos en la Tierra durante una semana, un gran espectáculo nocturno que nadie ha relatado. Por ello, consideran que lo que vieron los testigos de Canterbury fue un meteorito generoso que impactaría en la misma Tierra, y que habrían confundido con un fenómeno lunar a causa de su ángulo de visión, hecho que también explicaría que solo lo vieran ellos. De todas formas, las dos teorías, aunque probables ambas, distan mucho de estar demostradas. No en vano, algunos investigadores creen ver en el relato de Gervasio un TLP, o al menos un suceso anómalo lunar, debido a la dificultad que hemos comentado que existe para separar los Fenómenos Transitorios Lunares de otros fenómenos, como el de los ovnis en la Luna.

Los casos más extraños

Ya hemos dicho que los TLP suelen ser fenómenos fugaces. Normalmente se trata de luces errantes, oscurecimientos, puntos negros, flashes intermitentes o destellos, y suelen verse sobre todo a través de telescopios, aunque también se han dado algunas observaciones a simple vista. Aparentemente, es difícil trazar un patrón común entre toda esta amalgama de casos y establecer algún tipo

Localización de cráter Giordano Bruno. Se cree que el impacto que lo causó se pudo confundir con un TLP visto el 18 de junio de 1178.

de base lógica. ¿Qué criterios se pueden usar para estudiar un fenómeno tan escurridizo y desconocido como el de los TLP?

Quizá el lugar de aparición de los Fenómenos Transitorios Lunares es uno de los aspectos en los que hay más consenso. Eso no quiere decir que las zonas de la superficie lunar en las que se han dado observaciones extrañas desde la Tierra no sean muy numerosas y variadas, sino que entre ellas son bastante frecuentes los reportes en algunos sitios determinados, como por ejemplo los cráteres y las llanuras redondeadas, y sobre todo los suelos oscuros. Los lugares que rodean las cercanías de los mares —llamados oscuras llanuras lunares— también han sido escenario de muchos avistamientos.

Si hablamos de lugares concretos, podemos decir que la franja Aristarchus-Herodotus-Schroters se lleva la palma; hay quien dice que más de un 30% del total de casos computados se ha dado en el cráter Aristarchus. Plato le sigue en número de casos registrados. Otras zonas calientes son Gassendi, Fracastorius, Theophilus, Grimaldi, Kepler y Hércules.

Aristarchus es el cráter lunar donde más avistamientos
de TLP se han reportado.

Respecto al momento en el que se puede producir una mayor frecuencia de casos, se asegura que es durante el perigeo cuando más observaciones se suceden, o sea, cuando la Luna está en el punto más cercano de su órbita respecto a la Tierra.

Hasta ahora hemos mencionado casos de TLP anteriores al siglo XX, pero este es un misterio que ha tenido continuidad en los tiempos modernos. Los reportes que mostramos a continuación constituyen un resumen de algunos de los casos más conocidos, aunque, sin duda, son solo una muestra, pues hay cientos de miles de observaciones de TLP.

H. P. Wilkins, el célebre astrónomo británico que fue considerado en su época el mayor experto sobre la Luna, pudo ver a lo largo de su vida varios TLP. Uno de ellos consistía en un punto de luz brillante y se encontraba sobre el centro del cráter Plato, uno de los que más anomalías han registrado. Ocurría el 14 de agosto de 1944. El 30 de marzo de 1950 volvió a ver cosas extrañas moverse por encima de la superficie del satélite, esta vez en las laderas orientales del cráter Aristarchus. Era parecido a lo que había visto años atrás, pero en lugar de un punto luminoso eran varios.

El conocido astrónomo Patrick Moore también fue testigo de los TLP. El 19 de octubre de 1945 vio, en la Pared de Darwin, tres puntos luminosos muy brillantes. Años después, el 30 de abril de 1966, vio unos extraños resplandores rojizos sobre el cráter Gassendi. Quizá fueran los mismos que se avistaron desde el observatorio astronómico Lowell el 29 de octubre de 1963, según informó la prestigiosa revista *Sky and Telescope*. Se trataba de dos grupos de resplandores rojos brillantes al norte del cráter Herodotus. Casi un mes después desaparecieron de la zona, pero posteriormente se localizaron (se cree que eran los mismos) sobre el cráter Aristarchus.

Muchas observaciones de TLP han tenido lugar en el cráter Plato.

Nos remontamos ahora a 1958. El astrónomo Nikolai A. Kozyrev pudo contemplar una especie de nube brillante sobrevolar el pico central del cráter Alphonsus. Posteriormente, el 3 de diciembre, volvió a ver otra «nube» rojiza en movimiento en la misma zona durante una hora y logró fotografiar su espectro.

A medida que ha avanzado el tiempo, ha ido engrosándose la lista de observaciones de TLP y, cada vez más, además de las declaraciones de los testimonios que han descrito las anomalías observadas, hemos podido contar con otro material de gran valor: imágenes y filmaciones de estos misteriosos fenómenos transitorios. Aunque en la mayoría de los casos no se trata de documentos con una gran calidad de imagen, resulta muy interesante ver cómo, una tras otra, estas anomalías se registran en las cámaras mientras se pasean, impasibles, sobre la superficie lunar.

El 16 de julio de 1997 ocurrió un caso interesante por el material gráfico que pudo conseguirse. El sitio de la observación fue la Pampa del Tamarugal, en la II Región de Chile, un lugar donde no es extraño que se produzcan algunos fenómenos inexplicables, como la aparición de extrañas luces. El astrónomo y astrofotógrafo aficionado Manuel Barra Gáldamez se encontraba realizando fotografías a la Luna con su equipo: una cámara Zenic 122 y un telescopio refractor marca Tasgus de diámetro 60x900 y magnificación 675. En un momento de su observación, tomó una secuencia de cuatro imágenes y entre ellas obtuvo dos realmente sugerentes. Las fotografías se presentaron por primera vez en público en el Encuentro Nacional de Investigadores del tema Ovni en la ciudad de Paihuano, en el año 2002. En una puede verse un punto luminoso de color rojizo que no debería estar ahí, y en la otra son dos los puntos extraños, de color rojizo, que aparecen; uno de ellos, o bien era alargado o bien se movía horizontalmente muy rápido, pues en la imagen aparece con forma alargada y algo borroso. En este caso, fuera lo que fuera aquello, lo más probable es que no estuviera demasiado cerca de la superficie de la Luna. Esa fue la conclusión a la que llegaron los expertos que estudiaron las imágenes y el mismo Manuel Barra, pero lo cierto es que a pesar de los análisis efectuados tanto a las fotografías como al equipo con el que se captaron en el Planetario dependiente de la Universidad de Santiago de Chile, no se pudo dar una explicación racional a este TLP.

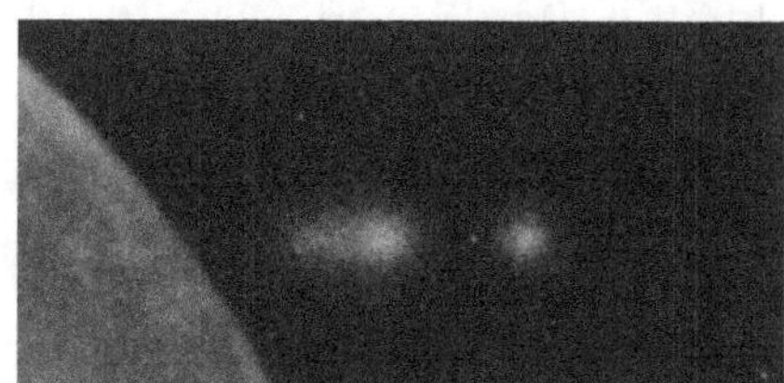

El astrofotógrafo aficionado Manuel Barra logró captar estos dos puntos extraños. A la derecha, ampliación de la imagen anterior.

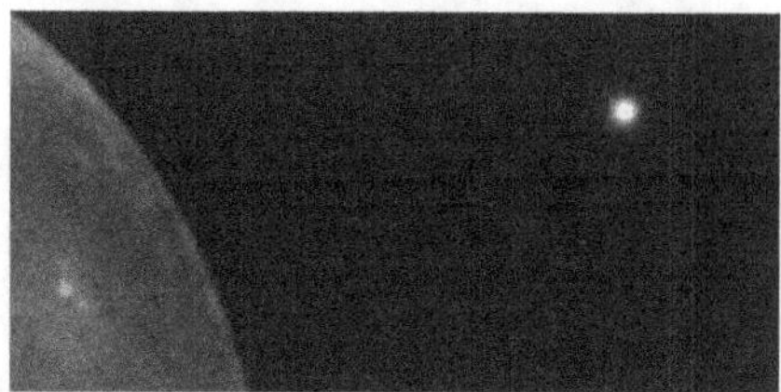

En otra de las imágenes que consiguió Manuel Barra se ve un punto rojo. A la derecha, ampliación de la imagen anterior.

Más recientemente, el día 7 de octubre del año 2000, dos personas pudieron observar desde Zaragoza y durante casi 15 minutos las evoluciones de un extraño objeto alrededor de la Luna. Eran algo más de las siete de la tarde cuando repararon en un pequeño punto negro en el cielo que no parecía responder a nada conocido. Era muy pequeño y daba la sensación de que estaba muy alto. Pero sin duda, lo que más llamaba la atención eran sus movimientos alrededor de la Luna, con algunos giros de 90 y 180 grados. Pasados los minutos, este punto desapareció, pero poco después aparecieron otros cuatro objetos también negros y pequeños que formaron un rectángulo que cruzó el cielo de derecha a izquierda. En este caso, no hubo tiempo para poder observar el objeto a través de un telescopio.

Para terminar con esta breve muestra de observaciones de Fenómenos Transitorios Lunares, mostramos un caso que, si bien no es de los más conocidos, resulta interesante porque

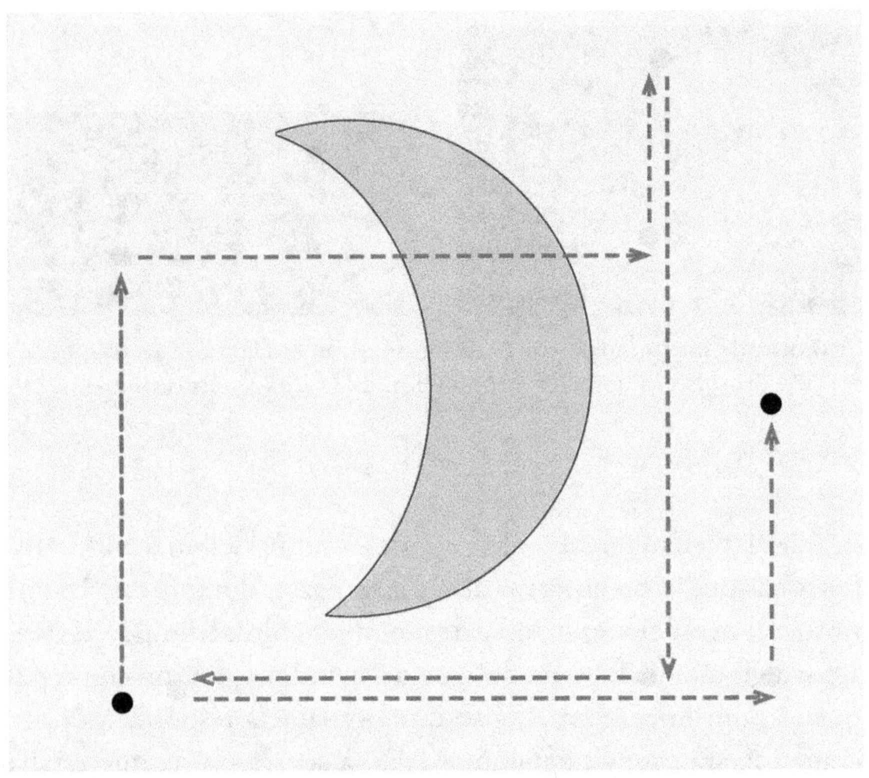

Esquema del extraño punto negro observado
en Zaragoza en el año 2000.

pudo ser visto por dos personas desde lugares diferentes y no parece tener una explicación lógica. Ocurría tan solo 10 días después del caso que acabamos de relatar, y aunque en esta ocasión el lugar de observación se situaba al otro lado del océano, en Estados Unidos, ambas observaciones guardan algunas similitudes.

Era el 17 de octubre de 2000 y Robert S. Greenstein, abogado y aficionado a la astronomía, fue uno de los dos testimonios de este TLP. Dejemos que sea él mismo quien cuente lo que vio: «Mientras observaba la Luna con mi telescopio LX-200 vi varios objetos pequeños y negros que se movían por mi campo de visión. [...] Primero pensé que podían ser pájaros negros. De todas maneras, al cabo de un rato apareció uno que se movía en una trayectoria diferente. Quizá podían ser objetos que estuvieran orbitando por el espacio y pasaran justo por mi campo visual». Leonel Remigio, también aficionado a la astronomía, confirmó que la descripción de Greenstein se adecuaba a lo que él había visto esa misma noche, sobre las 22.30 horas, desde otro punto de observación.

La NASA reconoce la existencia de los TLP

La existencia de los TLP está más que demostrada. No solo se han visto, sino que también se han fotografiado y capturado fotométricamente y espectroscópicamente. De hecho, la misma NASA los admite y los estudia. A raíz de una gran proliferación de los casos, en 1968 editó un catálogo donde recopilaba cronológicamente todos los registros de anomalías lunares hasta la fecha, llamado *Publicación TRR-277*. El recopilatorio corrió a cargo de los científicos Barbara M. Middlehurst, de la Universidad de Arizona, Jaylee M. Burley, del Centro Espacial Goddard, Patrick Moore, del Planetario Armagh, y Barbara L. Welter, del

Observatorio Astrofísico Smithsoniano, y recogía 579 avistamientos desde 1540 hasta 1967.

En un primer momento, el *TRR-277* pretendía ser un banco de datos de acceso restringido, pero finalmente acabó saliendo a la luz y con su liberación todos los datos que contenía terminaron siendo de conocimiento público.

Aunque ya hemos citado algunos casos de observaciones de TLP, los que siguen a continuación constituyen un breve resumen de lo que puede encontrarse en el informe *TRR-277*:

- 26 de noviembre de 1540, 05.00 horas. Región de Calipus. Un brillo, similar a una estrella, aparece en la parte oscura de esta zona. (Observador: Worms).
- 5 de marzo de 1587. Zona de sombra. Una especie de estrella es observada en la Luna por varias personas. (Observador: anónimo).
- 12 de noviembre de 1671. Pitatus. Se observa una nuve blanquecina sobre la región. (Observador: D. Cassini).
- 3 de febrero de 1672. Mar Crisium. Se puede ver algo anómalo como una nube. (Observador: D. Cassini).
- 10 de diciembre de 1685, 22.28 horas. Plato. Una grieta rojiza es vista durante un eclipse lunar. (Observador: Bianchini).
- 4 de agosto de 1738. Zona no indicada. Durante un eclipse de Sol parcial, se vieron varios rayos sobre la Luna. (Observador: un amigo de Weider).
- 22 de abril de 1751. Plato. Un rayo de luz amarilla atraviesa el fondo del cráter mientras se encuentra en sombra. (Observadores: Short, Stephens y Harris).
- 25 de julio de 1774. Mar Crisium. Cuatro manchas brillantes son vistas sobre el terminador de la región. (Observador: Eysenhard).

- 8 de mayo de 1788. Zona no indicada. Se ve una mancha brillante. (Observador: Mechain).

- 7 de marzo de 1794. Zona de sombra. Durante 15 minutos se puede ver una luz parecida a una estrella sobre la zona oscura de la Luna. (Observadores: Wilkins y Stretton).

- 2 de julio de 1797. Mar Vaporum. Se aprecia una gran cantidad de vapor. (Observadores: Schroeter y Olbers).

- 17 de octubre de 1820. Al sur de Sinus Iridum. Observación de algunas manchas brillantes en el Mar Plavium. (Observador: Luthmer).

- 22 de diciembre de 1835, 18.30 horas. Cerca de Aristarchus. Vista una mancha brillante, de magnitud entre 9 y 10. (Observador: C. P. Smyth).

- 5 de septiembre de 1865. Mar Crisium. Aparece un punto de luz como una estrella con una nube. (Observador: Ingall).

- 7 de mayo de 1867. Aristarchus. Una mancha brillante de magnitud 7 sobre la parte oscura. (Observador: Elger).

- 24 de abril de 1874. Varios cuerpos brillantes se dispersaron sobre la superficie lunar.

- 5 de diciembre de 1881, 17.09 horas. Aristarchus. Aparece durante un eclipse lunar una mancha blanco sobre un disco de color cobre; permanece un tiempo así. (Observador: S.J. Jonson).

- 13 de octubre de 1897. Valle de Schroeter. Actividad volcánica en esta zona. (Observador: W. H. Pickering).

- 25 de octubre de 1901. Marius. Muchas líneas luminosas se pueden ver en el fondo del cráter. (Observador: Boltom).

- 19 de febrero de 1905. Aristarchus. Durante un eclipse lunar, aparece una marca brillante sobre la Luna. Además, una marca brillante, similar a una estrella, aparece también sobre la oscuridad del espacio. (Observador: Moye).

- 19 de mayo de 1912. Zona de sombra. Una pequeña luminosidad roja rompe la oscuridad de esa zona lunar. (Observador: Valier).
- 23 de abril de 1915. Clavius. Rayo estrecho y recto sale del cráter. (Observador: Cook).
- 8 de enero de 1917, 07.45 horas. Dionysius. Un punto en el extremo del cráter brilla como si fuera una estrella. Eso ocurría poco después de entrar en la zona de sombra del eclipse lunar que se estaba produciendo. (Observador: F. A. Ellison).
- 1920. Proximidades de Vitruvius. Ocurrió un curioso fenómeno: la luminosidad de algunos picos varió considerablemente. (Observador: Franks).
- 12 de mayo de 1927. Pierce A. Se prodce un oscurecimiento total del cráter. (Observador: H. P. Wilkins).
- 1930. Eratosthenes. Se puede observar un cambio en la coloración de la superficie y una sombra se mueve varias veces por el cráter. (Observador: Pickering).
- 25 de octubre de 1936. Eratosthenes. Se ven señales brillantes en el fondo del cráter. (Observador: Haas).
- 26 de octubre de 1937. Alphonsus, Herschel y Ptolomaeus. El suelo de estos cráteres adquiere una tonalidad blanquecina. (Observador: Alter).
- 26 de agosto de 1942. Atlas. Aparecen zonas oscuras en el cráter. (Observador: Haas).
- 30 de noviembre de 1947. Aristarchus. Marcas brillantes sobre la parte interna de la pared oeste del cráter. (Observador: Favarger).

- 13 de octubre de 1954, 05.15 horas. Aristarchus. Una radiación violeta puede verse en el interior. (Observador: Barlett).
- 29 de junio de 1958, 04.04 horas. Aristarchus. El suelo del cráter adquiere un color azul muy claro. (Observador: Bartlett).
- 18 de julio de 1964. Plato. Durante casi un minuto puede verse una coloración rosada de magnitud 10 sobre la pared oeste. (Observador: Barlett).
- 10 de octubre de 1967, 02.15 horas. Al sudeste de Ross D. Puede verse un área brillante moviéndose a unos 80 km/hora, en dirección sud-sudeste.

Explicaciones a medias

Si bien no hay duda sobre la existencia de los TLP, determinar cuál es su origen es ya otra cuestión. O cuestiones. De hecho, son varias las teorías que se dan para explicar los Fenómenos Transitorios Lunares.

Una de las más comúnmente aceptadas afirma que nos encontramos ante emisiones de gas atrapado bajo la superficie lunar, lo que indicaría que nuestro satélite tiene más actividad de la que se le presupone. Si fuera así, la luz solar iluminaría los gases, de manera que desde la Tierra veríamos los TLP.

También se ha dicho que estos fenómenos podrían ser provocados por posibles nubes de polvo que bajo ciertas circunstancias producirían una descarga eléctrica (efecto triboeléctrico) o por actividad volcánica en la Luna. En este sentido, hay que saber que la meseta de Aristarchus es considerada como una de las regiones más jóvenes de Selene, por lo que de haber actividad volcánica en nuestro satélite, es más fácil que se dé en esta zona que en

La NASA recopiló casos de TLP en el informe TRR-277.

otras. Y ya hemos dicho que esta región cuenta con el mayor porcentaje de avistamientos de TLP.

Otra posibilidad contempla que los picos más altos de la Luna, al ser iluminados por el Sol y quedar sus alrededores en oscuridad, pudieran parecer TLP. Los cráteres son zonas donde se han dado gran cantidad de Fenómenos Transitorios Lunares, y algunos poseen picos elevados en el centro de los mismos. El efecto del Sol es mucho más impresionante si tiene lugar en el terminador, o sea, en la zona donde terminamos de ver la Luna debido a la sombra terrestre. Personalmente hemos podido observar en varias ocasiones este efecto, pero aunque realmente bonito, es estático y no da la sensación de ser algo demasiado extraño.

Una de las últimas tentativas para esclarecer qué son los TLP ha hablado del efecto de marea de la Tierra a la Luna. Quienes defienden este supuesto dicen que, así como la Luna es la responsable de nuestras mareas, la posible agua que exista en grietas de la Luna puede verse afectada por la gravedad de la Tierra, momento en el que gracias a la luz solar se llegaría a ver reflejada.

De todos modos, la teoría más aceptada oficialmente apunta que los TLP se deben al impacto de pequeños meteoritos en la superficie lunar. Estos impactos producen un resplandor, a veces muy grande. Uno de los últimos y más espectaculares tuvo lugar el 2 de mayo de 2006. Se trataba de una roca de unos 25 centímetros que al caer dejó en la superficie lunar (en el Mar de las Nubes) un cráter de 14 metros de ancho y tres de profundidad. El impacto creó una luminosa bola de fuego, cuyo brillo fue de magnitud 7.

Bill Cooke, investigador principal de la Oficina para el Estudio de Meteoritos (Meteoroid Environment Group) de la NASA, analiza los impactos de meteoritos en la Luna para ser tenidos en cuenta en los próximos viajes a nuestro satélite. Junto a su equipo, en el observatorio lunar de la Oficina para el Estudio de Meteoroides en el Centro Marshall de Vuelos Espaciales en Huntsville (Alabama, EE. UU.), Cooke logró captar en vídeo solo en las primeras 107 horas de observaciones un total de 82 TLP. Sin embargo, todas estas observaciones estarían explicadas: «Hemos contado 20 meteoros lunares, al menos 60 satélites en órbita alrededor de la Tierra, un aeroplano y un meteoro terrestre. [...] Las otras cosas que hemos visto hasta ahora han sido solamente coincidencias, algo que pasa volando por enfrente de la Luna mientras casualmente estamos observando». En esta última clasificación, se encuentran principalmente los satélites, muy fáciles de identificar según Cooke, los aviones y la basura espacial, que pasa dando tumbos azarosos y es algo más difícil de determinar. «El brillo repentino de luz solar reflejado por una superficie plana se parece mucho al destello de un meteoro lunar —explica Cooke—. Por eso debemos ser cuidadosos. Cuando vemos un destello de luz sobre la Luna, siempre verificamos que no sea un pedazo de basura espacial que haya pasado volando en ese momento».

Cambios atmosféricos (que sumados a una inversión de la temperatura crearían un efecto aberracional visible desde la Tierra), tormentas solares cuyas partículas harían brillar fuertemente el polvo lunar, errores ópticos debido a defectos en el instrumental y/o perturbaciones atmosféricas, o desprendimientos en los bordes de los cráteres que levantarían gran cantidad de polvo, haciendo que salgan algunos gases de la superficie, son otras de las explicaciones racionales para los TLP.

Aún así, ninguna resuelve satisfactoriamente todos los casos, sino que hay que echar mano de varias de ellas, no ya para explicarlos, sino para que sirvan como posible explicación. Aunque en todo caso, estas son explicaciones «científicas». Luego, claro está, tenemos la interpretación dentro de los términos del fenómeno ovni, en el que podrían entrar una buena parte de las observaciones.

Como vemos, el enigma de los TLP dista mucho de estar resuelto, pues si bien en algunos casos pueden explicarse como fenómenos lunares normales, en otros su origen no está tan claro.

Pero quizá una de las cosas que dota de un interés especial a los TLP es que son relativamente fáciles de observar. Con perseverancia cualquiera puede ver un TLP. Para ello es necesario conocer bien la superficie lunar, familiarizarse con ella. También hace falta un telescopio; unos buenos prismáticos sobre un trípode también pueden servir, aunque de manera más limitada. Y sobre todo, lo más importante es armarse de una gran paciencia. Si se hace todo esto, los expertos aseguran que, tarde o temprano, es fácil que uno se convierta en un nuevo testigo que ratifique la existencia de los Fenómenos Transitorios Lunares.

© NASA. Despegue Apolo XVI

Capítulo 4
¿Y si nunca fuimos?

El presidente de los Estados Unidos John F. Kennedy comunicó, en un discurso oficial pronunciado el 25 de mayo de 1961 desde la tribuna del Congreso, que su país depositaría un hombre sobre la Luna y lo devolvería sano y salvo a la Tierra antes de finalizar la década.

Y ocurrió. Lo hizo cerca del límite de tiempo prometido, con otro inquilino en la Casa Blanca, el presidente Richard Nixon, y con el temor de que llegaran antes los rusos, que llevaban la delantera en todos los aspectos de la entonces desenfrenada carrera espacial. La fecha, como hemos comentado antes, es histórica: el 20 de junio de 1969, ya la madrugada del día 21 en España.

Antes, la humanidad ya había alunizado, pero sin ningún hombre que pisara la superficie de nuestro satélite. Tanto los rusos como los americanos pusieron con anterioridad sondas automáticas en el suelo de la Luna, en septiembre de 1959 y julio de 1965 respectivamente, pero lo que ocurrió ese junio de finales de los 60 no tenía precedente alguno y fue un momento seguido con un inusitado interés por millones de personas alrededor de todo el planeta gracias a la televisión.

La imagen del astronauta Neil Armstrong, enfundado en su traje espacial con los emblemas de la NASA y pisando por primera vez esa lejana superficie polvorienta a la vez que decía la ya famosa frase de «este es un pequeño paso para el hombre pero un gran salto para la humanidad» quedó grabada en la memoria colectiva del planeta.

Pero según algunos investigadores y no poca gente de a pie, la llegada del hombre a la Luna no fue más que una farsa, un montaje, y en realidad se habría producido únicamente en unos estudios cinematográficos secretos en Nevada, a apenas 150 kilómetros de Las Vegas; esto es, se trató de un elaborado fraude... pero no perfecto. Y es que, según los partidarios de la teoría de la conspiración lunar, en las imágenes de las distintas misiones espaciales que se han mostrado públicamente hay algunos detalles que corroborarían esta hipótesis.

Las imágenes de la discordia

La misión Apolo XI ha sido las más famosa, pero también la que más dudas ha sembrado entre el gran público. Después de ver los vídeos que retransmitió la NASA han sido muchos los que han hablado de errores e incongruencias. Sin duda, la controversia más conocida es la que hace referencia a la bandera de Estados Unidos que los astronautas colocaron una vez sobre la superficie lunar, y que se habría visto ondulando. En efecto, en algunas imágenes puede verse la bandera norteamericana moviéndose, algo que no podría hacer sin atmósfera. En una de las secuencias, Armstrong tapa la bandera al darse cuenta de que la están filmando. La explicación racional es que la bandera llevaba un dispositivo para que permaneciera desplegada, en lugar de caer hacia abajo... pero esto no serviría para explicar que realizara esos movimientos ondulantes.

Otro aspecto que ha sido fuente de encendidos debates y de muchas controversias es el hecho de que, según se puede apreciar en varias de las imágenes que se tomaron de los paseos lunares, las sombras de los astronautas Armstrong y Aldrin son desiguales en longitud. Realmente, esto no debería de ser así cuando se encuentran el uno muy cerca del otro. Algunos de los que han intentado explicar este hecho argumentan que eso ocurre a causa de los cambios de altura de la superficie que no se llegarían a apreciar correctamente en las tomas. A muchos, sin embargo, no les convence esta explicación, y creen que este hecho solo se puede entender si había varias fuentes de luz, como podrían ser los focos de un plató.

Por otra parte, los famosos saltos lunares de los astronautas también serían otro de los elementos que permitirían dudar acerca de la veracidad de los vídeos que emitió la NASA, ya que deberían ser más altos si la atmósfera lunar fuese de una sexta parte que la terrestre, eso siempre según los partidarios de la teoría de la conspiración.

Lógicamente, todas las fotografías divulgadas por la agencia espacial de aquel histórico hito han sido analizadas hasta la saciedad por científicos, profesionales de los más diversos campos y aficionados, y en una de ellas aparece un objeto reflejado en el casco de Aldrin que para algunos no es identificable con ninguno de los elementos que se supone que se encontraban en el área del alunizaje.

Otra toma, realizada a 95 kilómetros de distancia de la Luna desde el módulo lunar (la «araña»), muestra una gran sombra sobre su superficie, que no parece demasiado probable que fuera causada por el mismo módulo ya que tiene un gran tamaño. La NASA afirma que la sombra es en realidad producida por uno de los cuatro motores RCS (*Reaction Control System*) delanteros del módulo, perteneciente al grupo de estribor. «Perfecto —dicen algunos—, pero la sombra sigue siendo demasiado grande».

Como vemos, para algunos las imágenes de la Apolo XI presentan detalles imposibles en caso de ser tomadas realmente sobre la superficie lunar, pero esta no ha sido la única misión Apolo en

Estas son algunas de las fotografías en las que se basan
los partidarios de la teoría de la conspiración para asegurar
que la llegada del ser humano a la Luna fue un fraude.

la que ha habido polémica, ya que algo parecido ha pasado también con otras.

En la Apolo XII, en una foto donde aparece el astronauta Alan Bean, se refleja su compañero Charles Conrad a través del casco. Pues bien, el reflejo del Sol lo debería de impedir. Además puede verse con demasiada luminosidad el traje del mismo Bean y el contenedor de muestras que lleva es reflejado por la luz en la parte que está de espaldas a donde realmente se encuentra la fuente de luz.

En la Apolo XIV, al lado del módulo lunar, se aprecia claramente en el suelo una huella a pesar de que nadie anduvo por esa parte antes de tomar la fotografía.

En una de las imágenes de la Apolo XV, el módulo lunar está de espaldas al Sol, y por eso se ve una zona de sombra, pero en ella, donde todo debería estar oscuro, aparece claramente iluminada una bandera de Estados Unidos en el módulo. Este hecho parece romper las reglas lógicas de iluminación... a no ser que haya otras fuentes de luz, claro.

¿Giros imposibles y elementos de *atrezzo*?

Las imágenes de la misión Apolo XVI también han sido especialmente estudiadas por los partidarios del gran plató cinematográfico de la NASA.

Como legado de esta misión, tenemos una fotografía en la que la huella dejada por el vehículo lunar todoterreno LRV (*Lunar Roving Vehicle*) hace un giro de 90 grados. Para algunos, esto solo sería posible si fue levantado y vuelto a colocar en el suelo, pero en principio el vehículo estaba preparado para efectuar giros en un espacio inferior a su propia anchura, por lo que las huellas de la imagen serían compatibles con una maniobra normal del vehículo.

Pero seguimos con la misma imagen. En otro punto de la misma se ve una roca en la que parece verse una letra «C», como si fuera una marca artificial, parte de un decorado. Y en la misma imagen ocurre algo que también vemos en otras tomas de la NASA: una de las líneas de marca (cruces) llamadas cuadrículas *reseau,* que las cámaras utilizadas para estas misiones suelen tener para ayudar a establecer la orientación de lo fotografiado, parece estar colocada después, ya que se encuentra oculta por la antena de baja ganancia del vehículo lunar todoterreno. El gran brillo del Sol en la antena pudo no obstante anular la visión de parte de la cuadrícula y por lo tanto proporcionar una respuesta lógica a este hecho.

Diversas estaciones de seguimiento controlaron
la «supuesta» llegada del hombre a la Luna.

De entre estas objeciones expuestas por los partidarios de la teoría de la conspiración, hay circunstancias comunes que se han dado en varias de las misiones Apolo. Por ejemplo, uno de los aspectos más extraños es que la iluminación de algunas fotos parece artificial y hecha desde varios puntos, con varios focos o flashes simultáneos. Eso ha sido denunciado por varios fotógrafos profesionales como David Percy.

Por otra parte, en las tomas no se aprecia ninguna estrella en el cielo oscuro, y al no haber atmósfera las estrellas deberían de verse en principio incluso con mayor intensidad que desde la Tierra. Sin embargo, para algunos, la luminosidad producida a la luz del Sol contra la superficie de la Luna bien puede hacer que desaparezca cualquier punto luminoso del cielo, al menos en las fotografías. Esto se vería intensificado por el hecho de que las tomas (todas hechas con cámaras Hasselblad modificadas de medio formato) se realizaron con una apertura de diafragma pequeña y una película de baja sensibilidad, por lo que sumado al bajo tiempo de exposición con el que se realizaron no dejaría que el pequeño brillo de las estrellas quedara reflejado en las imágenes.

Potencia de alunizaje

Otro aspecto que ha levantado sospechas es el hecho de que, según las imágenes que nos mostraron, los potentes motores de los cohetes apenas levantaron un poco de polvo, cuando tendrían que haber levantado una gran nube de polvo, e incluso arrancar rocas y hacer un agujero en el suelo lunar debido a su potencia. Nada de esto se aprecia en las diversas fotografías y vídeos que nos han hecho llegar.

Una explicación a este hecho podría darse porque durante la fase final del descenso la potencia del motor del módulo

Para los partidarios de la teoría de la conspiración esta huella no estaría en la Luna sino en unos estudios cinematográficos.

lunar se reducía de forma considerable. Además, los trenes de alunizaje llevaban incorporados unos cables de un metro de largo que eran sensores de contacto, y que cuando tocaban la superficie indicaban a los astronautas que debían apagar el motor, que se encontraba a dos metros del sensor. Basándonos en estos detalles, la teoría que expone que el módulo debería producir una gran nube de polvo y arrancar piedras sería un argumento ficticio.

En resumen, estas serían algunas de las «pifias» que se habrían cometido durante los supuestos montajes de las evoluciones del hombre en la Luna. Esta conspiración ha tenido mucha fuerza a lo largo de los años y no se trata de una leyenda urbana. Todavía en la actualidad, casi 40 años después de la primera llegada de hombre a la Luna, el 11% de los norteamericanos duda de que se produjera realmente, lo que demuestra, al menos, que las explicaciones que la NASA ha dado para las polémicas imágenes no han tenido una acogida demasiado satisfactoria por parte del gran público; vamos, que no han tenido mucho éxito. Y entre ese 11% de escépticos (que son muchos millones de norteamericanos) hay de todo, desde amas de casa hasta astrónomos, científicos y físicos nucleares.

Pros y contras de la teoría de la conspiración

No parece muy lógico dudar hoy en día de que el hombre realmente llegó a la Luna. A este respecto, Luis Ruiz de Gopegui, responsable de la estación española de la NASA durante las misiones Apolo y director de operaciones de la NASA en España durante 10 años, explica: «El 90% de la humanidad cree que el hombre llegó a la Luna. No tiene el más mínimo sentido discutir la realidad de un hecho público. Cuando se hace un experimento en un laboratorio, se puede intentar saber si fue un experimento real o trucado. La llegada del hombre a la Luna fue un hecho público, que lo vio el mundo entero que tenía a su disposición un radiotelescopio».

De todos modos, los que creen que las imágenes que vimos de la Apolo XI (y de misiones posteriores) se rodaron en un plató, se dividen básicamente en dos grupos muy diferenciados. Por una parte están los que consideran que el hombre sí llegó a la Luna, pero que se rodaron numerosas escenas en un plató para tenerlas en el caso de que hubiera problemas y no se pudiera pisar el satélite; serían como imágenes comodín que se guardarían por si hiciera falta usar para salvaguardar el prestigio de la NASA y de Estados Unidos como potencia mundial. Por otro lado están los que creen que directamente todo fue un montaje, algo realmente muy difícil de sostener.

Recientemente, nada menos que un trabajador del observatorio astronómico Fabra, en Barcelona, nos mostraba su incredulidad acerca de la veracidad de la llegada del hombre a la Luna. El argumento que utilizaba era el que usan muchas otras personas: que entonces no se tenía la tecnología suficiente para realizar tal proeza. Los ordenadores que se usaron, si bien eran lo último en aquel entonces, harían reír a cualquier pequeño usuario de tabletas o *smartphones* en la actualidad. Sin embargo, Luis Ruiz de Gopegui apunta al respecto: «La tecnología que hace falta para ir a la Luna no son ordenadores, que son muy importantes, sino cohetes, y todavía hoy no se ha superado el Saturno V».

Entonces, ¿por qué no hemos vuelto a la Luna? «Porque es muy caro», argumenta Ruiz de Gopegui. «Los soviéticos se retiraron de la carrera hacia la Luna —continúa explicando— porque los americanos ya habían llegado y se dedicaron a hacer estaciones espaciales, y los presupuestos no dan para dos actividades al mismo tiempo. Los americanos se dedicaron a hacer el transbordador espacial y tampoco tenían dinero para continuar con el programa de ir a la Luna».

Otras personas se limitan a apuntar que no hemos regresado a nuestro satélite porque en realidad no ofrece nada interesante. Obviando semejante barbaridad, debemos reconocer que, en efecto, llevar personas a la Luna es una tarea sumamente cara, y la NASA, desde que se creó en 1958, ha ido priorizando los objetivos militares.

No obstante, el 14 de enero de 2004 el presidente de los Estados Unidos George Bush anunciaba el propósito de llevar de nuevo a seres humanos a la Luna en el año 2015. Si eso ocurre, las miradas de los más escépticos en cuanto al alunizaje de las misiones Apolo se dirigirán de nuevo al satélite y a la agencia espacial norteamericana.

Capítulo 5
Masones en la Luna

Ese halo inexplicablemente mágico que desprende la Luna, que casi todos hemos sentido en alguna ocasión al mirarla, bien podría explicar que hayan salido tantas especulaciones alrededor de ella. A lo largo de los años nuestro satélite se ha visto salpicado por todo tipo de teorías conspiranoicas, algunas formuladas con más acierto que otras, y unas con muchos más datos contrastables que otras, que apenas encuentran una base creóble en la que sustentarse.

La conspiración más conocida es la que hemos abordado en el capítulo anterior: la que duda de la veracidad de la llegada del ser humano a la Luna. Las teorías que afirman que esto nunca ocurrió o que, al menos, no se vio cómo ocurría realmente, han tenido siempre una aceptación enorme e infinidad de adeptos.

En este apartado vamos más allá de esta superconspiración, la que todo el mundo conoce, para hablar de otra historia quizá más desconocida pero no menos intrigante ni sorprendente: la que hace referencia a la masonería.

¿Qué relación tienen los masones con la Luna? A la vista de los acontecimientos, parece ser que hay un vínculo que uniría algunos miembros de la masonería con nuestro satélite natural, tan estrecho que al menos 10 astronautas (solo por parte de la NASA) habrían pertenecido a alguna logia masónica, un porcentaje asombroso.

Astronautas masones

En las misiones Apolo encontramos numerosos astronautas que han sido masones. Un primer ejemplo es el de Donn F. Eisele, que en octubre de 1968 orbitó la Tierra durante 11 días a bordo de la Apolo VII. Eisele pertenecía a la logia Luthor B. Turner, Logia 732, de Columbus (Ohio). Pero él no era el único masón que iba a bordo en esa misión; su compañero de vuelo Walter M. Schirra pertenecía a la logia de Canaveral, la Logia 339, en Cocoa Beach (Florida). Schirra, además de participar en la misión Apolo VII, lo hizo también en la Mercury VIII, en la Sigma VII y en la Géminis VI.

Otro astronauta que voló en una misión Apolo, concretamente en la X, también formaba parte de una logia masónica, la logia Western Star, la Logia 138, de Weatherford (Oklahoma). Hablamos de Thomas P. Stafford, que ya había participado anteriormente en dos misiones Géminis.

El astronauta Walter M. Schirra pertenecía
a la logia Canaveral de Florida.

Llegamos ahora a la Apolo XI. Como no podía ser de otra manera en una misión tan simbólica y emblemática como esta, uno de los astronautas que formaba parte de la tripulación era masón. Edwin E. Aldrin, el segundo hombre que puso los pies sobre la superficie lunar, pertenecía a la logia Clear Lake, la Logia 1417, de Seabrook (Texas) y también formó parte de la logia Montclair, la Logia 144, de Nueva Jersey.

Su alunizaje estuvo cargado de simbolismo, pues llevaba con él un objeto de culto: una bandera del Supremo Consejo de la masonería norteamericana, con un águila bordada en el centro y la escuadra y el compás entrelazados. Además, según relata el mismo Aldrin en su libro *Regreso a la Tierra*, 33 minutos después de alunizar llevó a cabo algo que estaba fuera de todo pronóstico: «Saqué dos paquetes que habían sido preparados a petición mía. Uno contenía una pequeña cantidad de vino, y el otro una hostia. Con ellos y un pequeño cáliz, tomé la comunión en la Luna,

Edwin E. Aldrin, miembro de la tripulación de la Apolo XI, fue el primer masón en pisar la Luna.

leyendo para mí una pequeña tarjeta en la que había escrito una parte del libro de Juan usado en la ceremonia tradicional de la comunión».

Hay quien dice que en ese viaje a nuestro satélite, Aldrin se llevó con él una curiosa orden del Gran Maestre J. Guy Smith. Este le instruyó como Diputado Especial del Gran Maestre y le dio plenos poderes para exigir Jurisdicción Territorial Masónica en la Luna en nombre de la Gran Logia de Texas de Libres y Aceptados Masones. Aldrin se llevó de equipaje la Orden Especial en su viaje a la Luna, y para conmemorar el hecho y establecer la masonería de Texas en la Luna se emitió una carta constitucional de una nueva logia, la Logia Tranquilidad 2000, cuyo nombre hacía referencia al Mar de la Tranquilidad, el lugar donde habían alunizado.

Los sobres de primer día son testigos del nacimiento de una emisión de sellos y dan fe del inicio de su validez postal. En las imágenes vemos sobres con las imágenes de los astronautas Aldrin (a y b), Cooper (c) e Irwin (d), acompañadas de símbolos masónicos.

Se ha dicho muchas veces que en la misión de la Apolo XI iban dos masones, y es que no son pocos los que aseguran que el primer hombre que pisó la superficie de nuestro satélite, Neil A. Armstrong, también pertenecía a esta sociedad. En realidad Armstrong no era miembro de logia alguna, la confusión viene dada porque su padre, que igualmente se llamaba Neil Armstrong, sí fue un activo francmasón de la Gran Logia de Ohio.

Y de la Apolo XI pasamos a la XIV, donde encontramos al segundo masón que caminó por la superficie lunar en febrero de 1971 (en total, y al término del programa Apolo, serían tres los que lo acabarían haciendo). En este caso nos referimos al astronauta Edgar D. Mitchell, que pertenecía a la logia Artesia, la Logia 28, de Nuevo México.

La trayectoria de Mitchell siempre fue bastante heterodoxa; pocos meses después de caminar por la Luna (fue la sexta persona en hacerlo) se dio de baja de la Marina y de la NASA. El motivo, bastante surrealista, era fundar el Instituto de Ciencias Noéticas. Poco después escribiría el libro *Exploración psíquica*, en el que acercaba la espiritualidad a la ciencia.

El último masón que pisó la Luna, en julio de 1971, lo hizo con la Apolo XV. Era James Irwin, pertenecía a la logia Tajon, de Colorado Springs.

Más allá de las Apolo todavía nos encontramos con otros astronautas que han pertenecido a la masonería. Leroy Gordon Cooper, que participó en la Mercury IX, en la Faith VII y en la Géminis V, pertenecía a la logia Carbondale, la Logia 82, de Carbondale (Colorado). Por su parte, John H. Glenn, el primer hombre que dio una órbita alrededor de la Tierra, fue miembro de la logia Concord, la Logia 688, de New Concord (Ohio); en el momento de su vuelo con la Mercury VI no pertenecía a esta, entró en ella posteriormente.

En este breve repaso de astronautas masones nos encontramos también con Virgil I. Grissom, que formó parte de la Mercury IV, la Géminis III y de la malograda Apolo I, en la que perdió la vida. Grissom pertenecía a la logia Mitchel, la Logia 228, de Mitchell (Indiana). Y ya por último tenemos a Paul J. Weitx, que participó en el Skylab II y era miembro en activo de la logia Lawrence, la Logia 708, de Erie (Pennsilvania).

De todas formas, el número de masones en las filas de la NASA es más extenso. Algunos científicos y administradores que han trabajado para la agencia espacial norteamericana también han formado parte de alguna organización masónica. A modo de ejemplo citaremos a Clark C. McClelland, del proyecto Mercury, que era miembro de la Logia 301, en Florida, o a James Edwin Weeb, administrador de la NASA entre los años 1961 y 1968 y que pertenecía a la Logia 408, de Carlina del Norte.

Un pez gordo como Fred Kleinknect, que fue responsable de la NASA durante el programa Apolo, fue Soberano Gran Inspector del Council of the Southen Jurisdiction y grado 33 del Rito Escocés Antiguo y Aceptado. Casi nada...

Intereses ocultos

Como vemos, hay muchos masones entre las filas de la agencia espacial. Demasiados, incluso. Pero ¿qué significa eso? Según Richard Hoagland, antiguo asesor científico de la CBS, el gobierno americano es conocedor de la existencia de civilizaciones extraterrestres y tras sus programas espaciales habría algún grupo iniciático masónico que querría tener contacto con estos seres. Por ello se explicaría la presencia de tantos masones en la NASA.

Hoagland cree que dentro la agencia habría alguien con mucha influencia que, como parte de un culto masón, veneraría al dios Osiris, y ha creído encontrar pruebas de ello. Por ejemplo, muchos

Richard Hoagland, antiguo consultor de la NASA.

lanzamientos y aterrizajes de las misiones Apolo tuvieron lugar coincidiendo con importantes alineamientos de Orión, la constelación que representa a este dios. ¿Podría ser esto simplemente una casualidad o nos encontraríamos ante una actuación premeditada?

Además, el módulo lunar de la Apolo XI descendió sobre la Luna el primer día del calendario del dios egipcio Osiris, el más importante del panteón de los antiguos egipcios y figura emblemática del hermetismo que sirve de base a algunos ritos francmasónicos.

Otro ejemplo de la influencia masónica en la NASA, siempre según Hoagland, lo constituiría la misión de la Apolo I. Durante unos ensayos previos al lanzamiento de la nave el 27 de enero de 1967 la cabina se incendió y se bloqueó la trampilla de salida, y los tres astronautas que formaban la tripulación y que se encontraban en el interior perdieron la vida. Uno de ellos era Virgil I. Grissom, del que ya hemos hablado antes. Bien, para Hoagland, ese accidente no fue tal, sino que en realidad se trató de un «sacrificio masónico» que se habría llevado a cabo deliberadamente para asegurar el futuro éxito de las otras misiones del proyecto.

Todavía hay más indicios de la gran influencia que la masonería tendría en la NASA y que podría usar en beneficio propio para servir a sus fines ocultos. En esta ocasión los encontramos en los propios emblemas de los proyectos y misiones. El de la Apolo XI, por ejemplo, muestra un águila imperial, claro símbolo masónico, pero sin duda el que más simbolismo contiene es el emblema general del proyecto Apolo. En medio de la «A» que se encuentra en el centro del mismo aparece la constelación de Orión... ¡otra vez! La NASA asegura que estas tres estrellas no representan nada más que los tres astronautas de las misiones, pero ¿únicamente es este su significado?

Una vez más este pequeño guiño parece indicarnos la influencia masónica. Y esta sensación se acrecienta más aún si nos fijamos en las líneas generales del emblema, pues al hacerlo descubriremos que sus dos trazos principales, la «A» y la línea que se

El emblema del proyecto Apolo guarda similitud con el símbolo masónico de la escuadra y el compás entrelazados.

Emblema de la logia Tranquilidad.

dibuja de la Tierra a la Luna, muestran una enorme similitud con uno de los más importantes símbolos masónicos: la escuadra y el compás entrelazados...

Pero vayamos un poco más allá. Si miramos detenidamente este emblema, vemos que a un lado de la «A» de Apolo está la Tierra, de la que parte una línea que simboliza las misiones hacia la Luna, pero en mitad del camino la línea se encuentra con las tres estrellas identificadas antes, a pesar de lo que dice la NASA, con la constelación de Orión. ¿Quiere decirnos esto que quizá el secreto de la Luna se encuentre en esta constelación? Sin duda, una pregunta de difícil respuesta que quizá encierre la clave de algunos de los misterios lunares que más han dado que hablar...

Capítulo 6
Anomalías lunares

Si, como acabamos de decir, el hombre vuelve a pisar nuestro satélite durante la próxima década, es posible que se encuentre con algunas sorpresas allí arriba. O puede que no. Es decir, que sepa exactamente qué es lo que se va a encontrar en la superficie lunar. Y es que una de las cosas más insólitas —y polémicas— que rodea a nuestro inseparable satélite es que podría tener en su superficie algunos restos de construcciones, especialmente de puentes y de cúpulas.

«¿Construcciones en la Luna? Sí que ha estado haciendo cosas en la Luna la NASA», pensarán algunos. No, no van por ahí los tiros. Se trataría de construcciones que supuestamente ya habrían estado allí mucho antes de que el hombre llegara.

En 1962 el mismo Carl Sagan, cuando era consejero de las Fuerzas Aéreas (antes de convertirse en un reputado astrónomo y renegar de cualquier cosa que oliera a ovnis), aventuró: «La humanidad debe acostumbrarse a la idea de que seres inteligentes del espacio exterior nos han visitado y que poseen o han poseído bases ocultas en la Luna».

¿Estructuras artificiales en nuestro satélite?

Aunque a mucha gente esto le sonará como algo nuevo, en realidad no lo es. Ya en 1848, el astrónomo de Munich Gruithuisen creyó observar en la parte meridional de la Luna construcciones o restos de construcciones que supuestamente se correspondían con estructuras arquitectónicas artificiales. Según sus teorías, lo que había descubierto eran las huellas de una ciudad lunar, y aún fue más allá, porque Gruithuisen afirmó haber podido observar también en el interior de ciertos cráteres unas manchas verdosas que se desplazaban irregularmente y que identificó como vegetación o como plagas de insectos que se desplazaban por el satélite.

En esa época, sus teorías eran poco menos que herejes, pero pronto fueron otros los que respaldaron sus heterodoxas observaciones. En 1885, el astrónomo francés Thouvelot también dijo haber localizado ruinas en la Luna, esta vez cerca del cráter Rético.

En el año 1953 Percy Wilkins y Patrick Moore descubrieron casi 100 «cúpulas u hongos» que nunca antes habían sido vistos pese a ser exploradas las zonas con meticulosidad. Fueron descubiertos en los cráteres Cefeo, Picard, Reinhold y Teeteto.

Un año después, el 6 de mayo, el profesor Frazer Thompson, de la Universidad de Tulane, anunció el descubrimiento de una nueva brecha en Piccolomini de la que partía una angosta banda de 300 metros de ancho. Ese nuevo descubrimiento hacía pensar a algunos en una gran pista de aterrizaje.

También en 1953, John J. O'Neil, por aquel entonces editor científico del *New York Herald Tribune*, vio algo parecido a un puente de unos 20 kilómetros de longitud en el Mare Crisium. Después fue Patrick Moore, por citar a uno de los investigadores más prestigiosos, quien ratificó las observaciones. Pasado un tiempo, el puente desapareció.

Pero estas observaciones de extrañas estructuras sobre la superficie lunar no se han realizado solo desde la Tierra. En un principio parecía que las misiones lunares, al reconocer toda la superficie del satélite, disiparían cualquier tipo de duda y servirían para que se acallaran los rumores que se referían a estas formaciones artificiales, pero ocurrió todo lo contrario, y los rumores fueron dejándose oír cada vez más.

El profesor norteamericano William Blair, por ejemplo, afirmó haber visto fotos secretas de la misión Lunar Orbiter II, de abril de 1966, en las que se podían apreciar fácilmente monumentos de más de 200 metros de altura. Según él, eran estructuras artificiales; según los científicos ortodoxos, esas formaciones eran el resultado de un complejo «fenómeno geofísico» que daba lugar a malas interpretaciones, pero aún con todo, los rumores siguieron. Varias fotografías de la Apolo XVI, tomadas en abril de 1972, mostraban también cosas parecidas a puentes.

William Blair dijo haber observado monumentos de más de 200 metros de altura en las imágenes de la misión Lunar Orbiter II, a estas estructuras artificiales que describió se les conoce con el nombre de «cúspides de Blair».

Científicos reputados y sondas espaciales

A medida que pasaba el tiempo, lejos de decrecer, las observaciones de estructuras supuestamente artificiales en la Luna aumentaban y pudieron ser vistas por astrónomos de intachable credibilidad. H. P. Wilkins —en aquellos tiempos una de las mayores autoridades en el estudio de nuestro satélite— también aportó su importante testimonio, pues tuvo la ocasión de contemplar esa estructura que parecía un puente y que ya había sido vista antes muchas veces. Según su opinión, debía tratarse forzosamente de algo artificial... Y es que a pesar de su gran tamaño, lo cierto es que la localización del misterioso puente y de algunas de las otras supuestas estructuras artificiales en la Luna no es siempre la misma, sino que va cambiando, lo que hace el enigma más sorprendente si cabe.

La sonda norteamericana Surveyor VI fotografió en 1967 una especie de bruma luminosa semicircular sobre la región lunar de Sinus Medii. Para algunos se trataba de una enorme cúpula, pero la NASA quitó hierro al asunto y explicó que esa imagen en realidad había captado una tormenta de partículas de arena provocada por cargas electrostáticas.

Otra sonda, la Lunar Orbiter V, registró extrañas huellas que parecían pertenecer a vehículos sobre el suelo lunar, parecidas a las que posteriormente, en 1972, vio el astronauta Harrison Schmitt en la Apolo XVII.

Según el *Daily Telegraph*, el vehículo soviético Luna IX, que alunizó sobre el océano Procellarum, captó unas torres supuestamente artificiales en 1966. Por su parte, la Orbiter II capturó la sombra de lo que podían ser ocho de estas torres, que llegarían a tener más de 200 metros de altura.

Como ya hemos contado antes, el 25 de diciembre de 1968 James A. Lovell, Borman y Anders, en su primera órbita en torno a la Luna a bordo de la Apolo VIII, vieron algo en forma de disco.

Los sistemas eléctricos de la nave se detuvieron durante unos instantes, bajó la temperatura, y se vieron envueltos en una extraña y muy molesta luminosidad. También aparecieron extraños sonidos en la radio. Pero sin duda, lo más interesante son las conversaciones que se pudieron captar en las que Lovell dice que ve ruinas en la superficie lunar.

La Apolo X, con los astronautas Eugene Cernan y Thomas Stafford a bordo, realizó multitud de fotografías mientras sobrevolaba nuestro satélite a escasos kilómetros de su superficie. Entre las imágenes, una (la AS10-32-4822) ha circulado especialmente porque muestra diversas anomalías, aunque la imagen no ha reconocido que sea suya.

A pesar de las negativas de la NASA en aceptar anomalías como las aquí expuestas, de vez en cuando, individualmente, algunas personas que han trabajado para la organización admiten que no todo

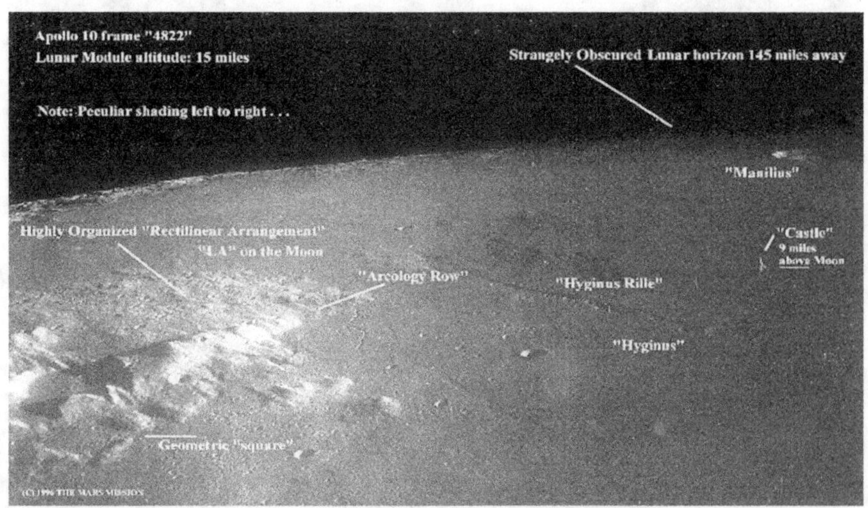

Una de las imágenes de la Apolo X, no reconocida por la NASA, la AS10-32-4822, muestra numerosos aspectos desconcertantes.

Esta imagen de la Luna muestra diferentes puntos donde se han observado anomalías. En el punto 1, en el cráter Ukert, se fotografió una plataforma triangular. En el punto 2, la imagen nos muestra una estructura angulada que pertenecería a restos de ruinas. En el punto 3, la Apolo XIV pudo observar ruinas. La Apolo XII pudo verlas en el punto 4, y en el punto 5 es donde se encontrarían las ruinas supuestamente observadas por la tripulación de la Apolo XI. En el punto 6 se sitúa la estructura llamada «el castillo». Los puntos rojos indican diversos cráteres y el número de anomalías detectadas en ellos, según figura en el catálogo de la NASA.

está explicado. Este es el caso del ingeniero electrónico Alan Davis, que trabajó en la NASA desde 1959 hasta 1973 como ingeniero de telecomunicaciones del proyecto Apolo. Davis declaró que los astronautas de la Apolo XI vieron varios muros artificiales en ruinas en la superficie de la Luna; e incluso él mismo pudo ver imágenes de esto. Además, declaró que Armstrong sentía que les estaban observando mientras deambulaban por la superficie del satélite.

En el año 1974, Joseph Goodavage, uno de los astrónomos más reputados del momento, publicó un artículo en la revista *Saga* en el que se podía leer que se habían descubierto en los últimos años más de 200 estructuras supuestamente artificiales «blanquecinas, circulares y con forma de cúpula» en la Luna. Goodavage también daba cuenta de su desaparición y posterior aparición en otro lugar. «Por alguna extraña razón, a menudo desaparecen de un lugar y aparecen en otro», decía.

Unos años después, entre 1986 y 1987, el astrónomo aficionado E. M. Kirilov vio una serie de construcciones que parecían metálicas en el Mar de la Tranquilidad, por más de 15 veces. Eran gigantescas y estaban colocadas en ángulo recto las unas respecto a las otras.

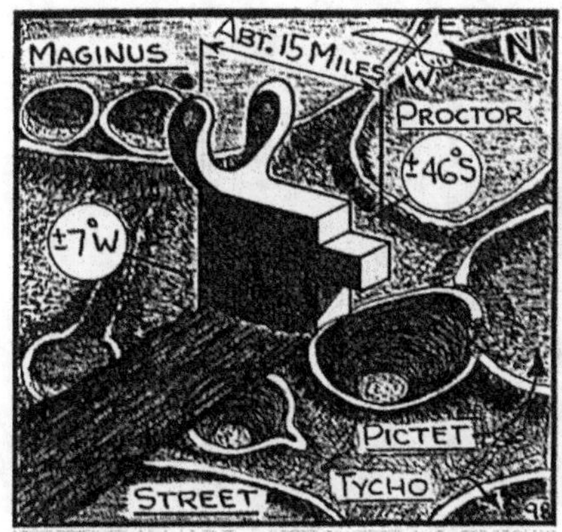

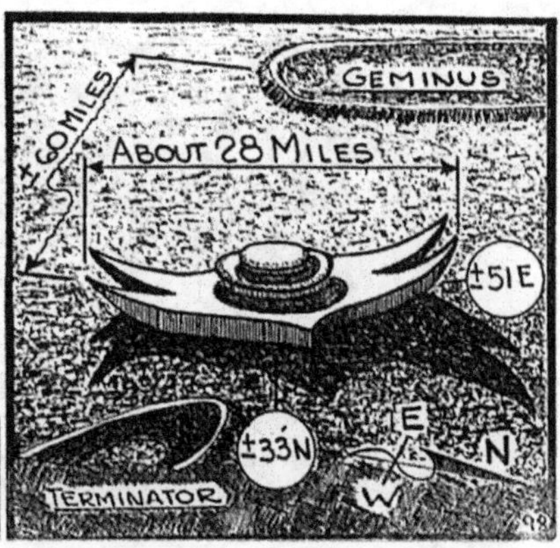

Dibujos de supuestas estructuras observadas en la superficie lunar.

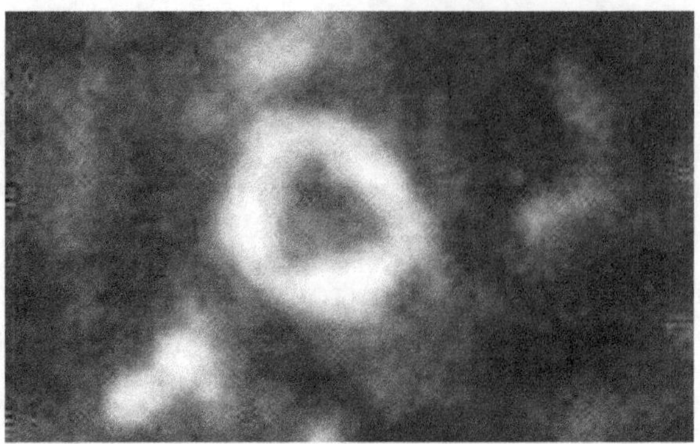

Estructura triangular fotografiada en el cráter Ukert.

Supuesta estructura de origen artificial en el suelo de la Luna.

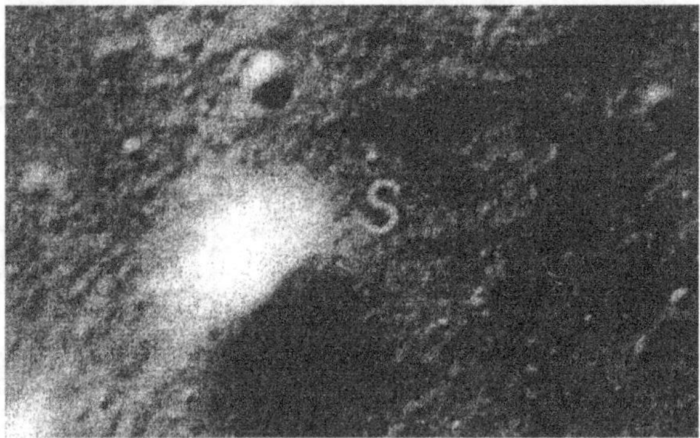

Esta imagen, supuestamente tomada por la Apolo XIV,
muestra una gran «S» sobre el suelo lunar.

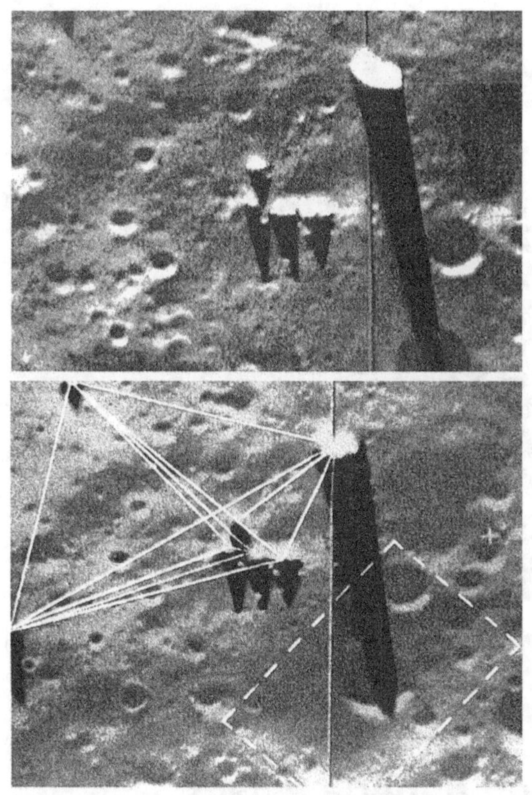

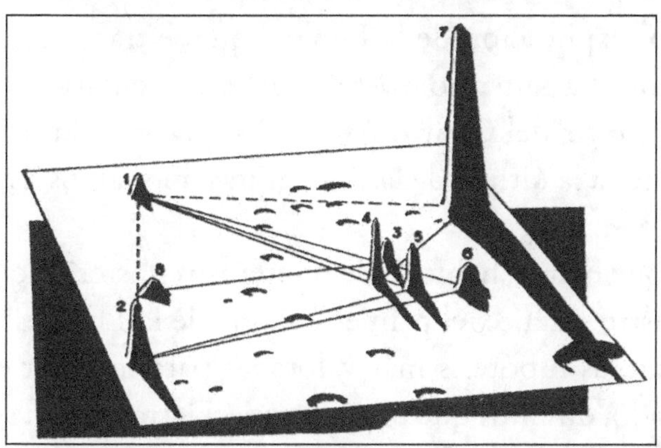

Las cúspides o torres de Blair. Estas imágenes habrían
sido tomadas por la sonda norteamericana Lunar Orbiter II.
Abajo, esquema que representaría lo observado.

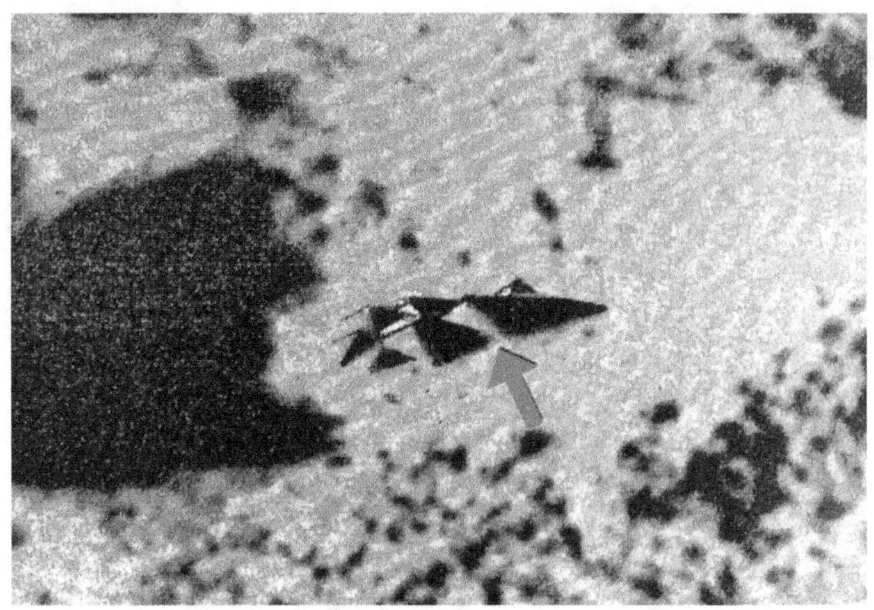

Estructuras piramidales fotografiadas por la Apolo XVI.

La Luna no debería existir...

«La mejor explicación de la Luna es que se trata de un error de observación: ¡la Luna no existe!». Este comentario es atribuido a Irwin Shapiro, del Centro Astrofísico Harvard-Smithsonian, y nos conduce a la última de las incógnitas que vamos a mostrar en estas páginas.

Aunque hemos hablado de numerosos misterios que envuelven a nuestro satélite, el primer enigma de la Luna es su origen. Cuatro son las hipótesis más valoradas para intentar explicarlo. Resumiendo, diremos que una reza que Tierra y Luna son en realidad un planeta doble, formados de manera separada pero al mismo tiempo, durante la gestación del Sistema Solar. Otra hipótesis dice que la Luna, en su deambular por el Sistema Solar, fue capturada por la gravedad de la Tierra. La tercera hipótesis asegura que la Luna formaba parte de la Tierra en un principio, pero que después se desprendió de ella. Y la última de las cuatro, la más aceptada en el mundo académico, teoriza sobre un planetoide que habría golpeado contra la Tierra hace unos 4.500 millones de años y el «intruso», mezclado con el polvo y los trozos que saltaron y lograron salir de la atmósfera terrestre, dio origen a nuestra Luna actual.

Pues bien, estas hipótesis, como cualquier otra que se ha propuesto para explicar el origen de la Luna, muestran aspectos que contradicen nuestros conocimientos científicos o nuestra situación actual. Por ejemplo, si tomamos la teoría del impacto, la magnitud de este tendría que haber acelerado la velocidad de rotación de nuestro planeta a un nivel mucho mayor del que tiene. Algunos científicos proponen que unos momentos astronómicos después (unos pocos miles de años) un segundo impacto de grandes dimensiones ocurrió en la Tierra llegado desde dirección opuesta al anterior, cancelando así la aceleración de nuestro planeta tras el primer impacto. Y así, cada hipótesis para explicar el origen de la Luna posee contradicciones que la hacen inverosímil.

Pero aunque no partamos de ninguna hipótesis para explicar el origen de la Luna, su misma existencia astronómica es bastante improbable. Es decir, nuestro satélite no obedece a las reglas conocidas de la astrofísica, entre otras cosas por estar donde está, por tener el volumen que tiene y por su masa. Además, es mucho más ligera de lo que debería (es 3,66 veces más pequeña que la Tierra, pero pesa 81 veces menos). También es más vieja de lo que debería ser (las rocas recogidas más viejas de la Luna son bastante más antiguas que cualquier roca de la Tierra) y su órbita es verdaderamente insólita. O sea, que la Luna, a la luz de la ciencia, no debería de existir.

Este hecho es aceptado hoy por multitud de prestigiosos científicos, pero paradójicamente, y al contrario que suele ocurrir con cualquiera de los otros aspectos tratados en el libro, fuera de los círculos especializados afirmar tal cosa parece un atrevimiento sin fundamento.

Pero los hechos son los hechos.

Más hechos ilógicos: la Luna no es redonda, sino que tiene forma de huevo horizontal. Hasta ahí todo normal, pues la Tierra ejerce una fuerte fuerza de gravedad sobre nuestro satélite. Lo extraño es que esta curvatura de la Luna es 17 veces mayor de lo que debería ser y que ¡está en la cara opuesta a la Tierra!

El mismo tamaño de nuestro satélite es descomunal respecto al planeta alrededor del cual gira; apenas es cuatro veces más pequeño. Como comparación, el satélite más grande de Júpiter es 18 veces menor que él.

Ya por último, mostramos unos datos que, si fueran meramente casuales, es tanta la casualidad que se torna en sospecha en cuanto a que la Luna parece poco natural. Y es que tiene un tamaño equivalente a 1/400 del que tiene el Sol y ocupa una órbita que le permite estar a 1/400 de la distancia entre la Tierra y el Sol. Por si fuera poco, además de coincidir su rotación con la traslación alrededor de nuestro planeta (por lo que siempre vemos la misma cara de nuestro satélite) la Luna parece imitar los movimientos del Sol; los movimientos lunares llevan a cabo en un mes lo que el Sol hace en todo un año. Hasta en pleno verano, la Luna llena se coloca en el mismo ángulo y en el mismo punto del horizonte que el Sol hará en pleno invierno. Posteriormente, la Luna de pleno invierno se pondrá donde lo hace el Sol en pleno verano, y en el equinoccio la Luna sigue la misma trayectoria que el Sol para ponerse.

Para entender esto al margen de complicaciones, sobra decir que es como si nuestro satélite fuera más una obra diseñada bajo un preciso plano que una formación planetaria arbitraria.

Antes hemos mencionado que en varias misiones espaciales, como las Apolo VIII, IX y XI, los astronautas escucharon a través de la radio extraños sonidos. Estas misteriosas señales de radio que a veces parece que salen de nuestro satélite (y que por lo tanto no deberían existir) se han podido captar también desde la Tierra. Desde 1927 hasta 1935 se recibieron numerosas señales de estas, cuyo origen se ha supuesto que es la Luna. En realidad, no dejaron de manifestarse del todo en 1935, lo que ocurrió es que se acabó el *boom* de manifestaciones; pero las ha seguido habiendo, aunque más distanciadas en el tiempo.

En 1956 fue la Universidad de Ohio la que captó «charlas por radio en apariencia codificadas desde la Luna». Dos años después astrónomos norteamericanos, soviéticos y británicos detectaron un objeto acercándose a la Luna a más de 40.000 kilómetros por hora y emitiendo señales de radio. De nuevo, nada más se ha vuelto a saber de ello.

... Pero existe. ¿Qué es la Luna?

«La Luna sonó como si fuera una campana». Eso decían los informes de la NASA haciendo referencia a los datos que recogió el sismógrafo que dejó la Apolo XII sobre el impacto que produjo el tramo del cohete de despegue Saturno V (de la problemática misión Apolo XIII) sobre la superficie lunar. Los distintos estudios sismográficos llevados a cabo durante las misiones Apolo dieron indicios de que el interior de la Luna ¡pudiera estar hueco bajo un envoltorio metálico!

La idea no era nueva, pero ahora había nuevos datos que la apoyaban. Sí, hemos dicho nuevos, pues ya en 1962, Gordon McDonald, científico de primera línea de la NASA, publicó un informe en *Astronautics Magazine* en el que revelaba que el análisis de los movimientos lunares parecía indicar que la Luna estaba hueca. Más recientemente, el doctor Sean C. Solomon, anterior profesor de Geofísica en el Instituto Tecnológico de Massachussets y actualmente director del Departamento de Magnetismo Terrestre del Instituto Carnegie de Washington, declaraba: «Los experimentos orbitales lunares han mejorado enormemente nuestro conocimiento sobre el campo gravitatorio de la Luna... indicando la aterradora posibilidad de que nuestro satélite sea hueco».

Los datos son los datos y eso al menos es lo que nuestro satélite parece. Pero ¿cómo es posible? ¿Es realmente la Luna un objeto creado por el Universo o se trata de algo artificial?

En la década de los 70 del siglo pasado dos miembros de la antigua Academia de Ciencias soviética, Mijail Vasin y Alexander Sherbakov, escandalizaron al mundo con esta idea que cada día parece menos descabellada si nos fijamos en los datos que tenemos de nuestro satélite.

Y si la Luna es artificial, ¿quién la construyó y la colocó ahí? «La Luna es un satélite artificial de la Tierra colocado en órbita alrededor de esta por seres inteligentes que nos son desconocidos. Nos negamos a entrar en especulaciones sobre quien realizó exactamente este experimento único, pero solo una civilización muy desarrollada pudo ser capaz de efectuarlo», escribieron Vasin y Sherbakov. Para ellos, la artificial Luna sería una gigantesca nave espacial metálica, hueca, y recubierta de polvo y rocas. Para afirmar esto último se basan en varias cuestiones, pero hay un dato especialmente curioso al respecto: los cráteres lunares tienen una profundidad máxima, como si algo, un tope, impidiera que los meteoritos que la golpean impacten más hondo. Según los datos teóricos, por el diámetro de algunos de los cráteres (de más de 200 kilómetros de diámetro), su profundidad debería ser varias veces mayor que la que tienen, tomando en cuenta las condiciones lunares. Pero independientemente del diámetro de los cráteres, estos nunca sobrepasan un extraño tope de profundidad, como si hubiera un recubrimiento lunar más blando de algo menos de cinco kilómetros, y luego se encontrara una coraza metálica... Un extraño misterio más que se une a todas las anomalías que muestra nuestro satélite.

Epílogo
Algo se mueve en la Luna

Infatigable compañera de nuestra casa sideral, hueca o sólida, artificial o natural, la Luna sigue siendo tan misteriosa como cautivadora.

Muchos son los misterios que envuelven a Selene. Aquí hemos hecho un rápido repaso a buena parte de ellos. Pero sobre todo hemos querido mostrar que la Luna no es un lugar muerto, inactivo y estático, sino que está muy viva. Puede creer en la realidad de los casos y los datos que hemos aportado, o puede rechazarlos; eso solo a usted le atañe. Pero nos gustaría pedirle una cosa: cuando alce la mirada al cielo y vea la Luna, hágalo con otros ojos, recuerde por un momento todo lo que aquí ha leído, y déjese envolver por su encanto. Seguro que, de esta manera, la Luna, al menos para usted, nunca volverá a ser únicamente *el satélite de la Tierra*.

El autor

Carlos G. Tutor es un investigador de los fenómenos fronterizos con la ciencia, en especial de la temática ovni. Con quince años, dirigía y presentaba el programa de radio *Osiris*, en Radio Las Fuentes de Zaragoza. Además de impartir conferencias, ha colaborado con distintos programas de radio y televisión, y escrito en revistas. Formó parte activa del Instituto de Investigación y Estudios Exobiológicos de Barcelona. Fundó y presidió el Centro Español de Investigaciones Parapsicológicas y Ufológicas, en Zaragoza, donde llegó a introducir la investigación parapsicológica en el hospital Miguel Servet con la colaboración de diversos médicos. Fue miembro activo de la Junta Directiva de la Sociedad Astronómica de Zaragoza y delegado en Aragón de la Sociedad de Investigaciones Biofísicas, con sede central en Granada e investigador del Instituto de Investigación y Estudios Exobiológicos. Fue codirector de la revista *La Espiral del Conocimiento*, publicación pionera en España dedicada a los viajes mágicos y la historia insólita. Es autor de los libros *Notas Satánicas: el Satanismo en la Música Rock, Dormir bien, vivir mejor: una guía completa sobre el sueño y los sueños, Guía misteriosa de Aragón* y, con Olga Canals, de *Agenda OVNI 2010: encuentros con lo inesperado.*